Eckhard Bieger · Helmut Zimmermann

Heilige und ihre Feste

Entstehung - Bedeutung - Brauchtum

Topos plus Taschenbücher

Topos plus **Verlagsgemeinschaft**

Butzon & Bercker, Kevelaer | Don Bosco, Münch
Echter, Würzburg | Verlag Katholisches Bibelwerk, Stuttg
Lahn-Verlag, Limburg Kevelaer | Matthias-Grünewald-Verlag, Ma
Paulusverlag, Freiburg Schweiz | Friedrich Pustet, Regensbu
Tyrolia, Innsbruck Wi

e verlags gruppe engagement

Bibliografische Information der Deutschen Bibliothek

Die Deutsche Bibliothek verzeichnet diese Publikation in der Deutschen Nationalbibliografie; detaillierte bibliografische Daten sind im Internet über http://dnb.ddb.de abrufbar.

Einband- und Reihengestaltun
Akut Werbung GmbH, Dortmun
Umschlagbild: Winfried Aßfalg, Riedlinge
Herstellung: Pustet, Regensbur
Printed in Germar

Topos plus – Bestellnummer: **3-7867-8514-7**

Inhalt

Einleitung

Heilige sind Menschen, deren Gedächtnis wir wach halten wollen, an die wir uns jährlich an ihrem Festtag erinnern. Wie jeder Mensch ist auch ein Heiliger, ist eine Heilige durch Krisen gegangen, musste in eine unbekannte Zukunft das eigene Leben entwerfen. Jeder hat um das gerungen, was er als wichtig erkannt hat. Das schloss Um- und Irrwege nicht aus. Heilige hatten in der Regel kein „glattes" Leben.

Heilige kommen aus allen gesellschaftlichen Schichten, es gibt Menschen, die auf der Pyramide der Macht ganz oben standen, und andere, die unbedeutend schienen. Heilige haben selten alles richtig gemacht, einige bezeichnen ihr Leben vor der inneren Bekehrung als das eines Sünders.

Gekennzeichnet ist die Lebenswende aller Heiligen dadurch, dass sie sich vom Anruf Gottes treffen ließen. Das geschah meist nicht in lauten Sensationen, sondern durch unscheinbare Ereignisse. Die „Kunst" der Heiligen bestand (und besteht) darin, den leisen Ruf Gottes im Lärm der Welt nicht überhört zu haben.

Was immer Heilige in ihrem Leben riskiert haben, ob sie an einem Ort geblieben sind oder in die für sie fernsten Länder aufgebrochen sind, die Heiligen haben ihrer Biographie eine überzeugende Gestalt gegeben. Die Idee, von der sie sich dabei leiten ließen, war die Nachfolge Christi. Heilige sind faszinierende Menschen und sie stehen jedes Jahr an ihrem Festtag zu einem Gespräch zur Verfügung. Dieser kleine Band will auf viele Gespräche vorbereiten.

Menschen, über die erzählt wird

Heiligen begegnen wir täglich, einfach weil Menschen die Namen von Heiligen tragen: Maria, Elisabeth, Martin, Franz, Peter, Paul, Johannes, Hildegard oder Heinrich. Von einigen der Heiligen kennen wir die Geschichte. Heinrich war ein deutscher Kaiser, der vor tausend Jahren das Reich regierte. Hildegard war eine Nonne, die ein Kloster leitete. Elisabeth war eine ungarische Königstochter, die mit dem Landgrafen von Thüringen verheiratet wurde. Franz war Sohn eines reichen Kaufmanns in Assisi, Johannes und Petrus waren Jünger Jesu, Paulus verfolgte die ersten Christen, bis er selbst zum Christen und zum bekanntesten Missionar der jungen Kirche wurde. Von Martin kennen wir die Geschichte, dass er seinen Offiziersmantel mit einem Bettler teilte, und haben vielleicht am 11. November an Martinsumzügen teilgenommen.
Zu vielen anderen Namen fallen uns Geschichten ein. Menschen sind nicht zuletzt deshalb zu Heiligen geworden, weil man über sie interessante Geschichten erzählen konnte. Diese Geschichten unterscheiden sich von denen anderer bekannter Persönlichkeiten. Meist stellen sie heraus, dass in den Heiligen eine besondere Kraft wirkt. Sie können einen gefährlichen Wolf zähmen, wie das von Franz von Assisi erzählt wird. Von Petrus und Johannes wird in der Apostelgeschichte berichtet, dass sie einen Gelähmten direkt vor dem Jerusalemer Tempel geheilt haben und sich der Hohe Rat der Juden dadurch provoziert fühlte. Andere, wie Elisabeth oder Martin, zeichnen sich durch eine große Liebesfähigkeit aus. Von ihren Liebestaten wird berichtet, weil darin die

Liebe Gottes aufstrahlt. Heilige lassen sich durch die Liebe Gottes inspirieren und handeln so, wie es das Liebesgebot der Bibel von uns allen fordert.
Von Heiligen werden auch deshalb Geschichten erzählt, weil sie Visionen hatten, wie Hildegard von Bingen oder Paulus, der Christus in einer Lichtvision mit den Worten hört: „Saulus, warum verfolgst du mich?“ Er erhält in der Vision den neuen Namen Paulus. Der älteste christliche Heiligenbericht ist der eines Märtyrers. Der Diakon Stephanus wird gesteinigt, weil er sich zu dem auferstandenen Jesus bekennt. Von ihren Märtyrern haben sich die Christen natürlich erzählt, wie sie verurteilt wurden und wie sie das Martyrium ertragen haben. Am Todestag traf man sich an den Gräbern, um in diesen Erzählungen den Heiligen, die Heilige lebendig werden zu lassen.
Martys, das griechische Wort heißt Zeuge, von diesem Wort leitet sich der Ausdruck „Zeugnis ablegen“ her. Die Märtyrer haben durch ihren Tod den Glauben bezeugt. Die Christen sind nicht die Einzigen, deren Bewegung durch Märtyrer mehr Glaubhaftigkeit und Überzeugungskraft erlangte, setzt sich doch der, der andere wegen ihrer Überzeugung umbringt, ins Unrecht und erzeugt Nachdenklichkeit, ob die Überzeugung der Märtyrer nicht der Wahrheit näher ist als die Welt- und Staatsauffassung, die sich nur mit äußerer Gewalt durchsetzen kann. Die Christen wussten wie andere religiöse und politische Bewegungen, dass die Märtyrer andere von ihrem Glauben überzeugten. Das Besondere war, dass der Tod eines Glaubenszeugen bei ihnen keine Rachegefühle aufkommen ließ. Das ist in dem besonderen Glauben begründet, dass der Märtyrer nicht im

Tod bleibt, sondern im Himmel bei Christus ist. Der Märtyrer hat das Ziel erreicht, zu dem die anderen Gläubigen noch unterwegs sind. Das überraschende Fehlen von Rachegefühlen ist auch durch den Tod Jesu zu verstehen. Er hat, als er die Qual des Kreuzes erlitt, Gott für die um Vergebung gebeten, die seinen Tod gewollt, und für die, die ihn verurteilt hatten. Den Peinigern zu vergeben, das war das große Vorbild, an dem sich die christlichen Märtyrer orientieren konnten.

Verehrt wurden in den Jahrhunderten der Verfolgung die Menschen, die durch ihren Tod den Glauben bezeugt hatten. Als das Christentum durch Kaiser Konstantin im Edikt von Mailand 313 als Religion anerkannt und dann sogar zur offiziellen Staatsreligion erhoben wurde, gab es auch herausragende Persönlichkeiten, über die Geschichten erzählt wurden. Bis heute wird der heilige Martin von Tours verehrt. Bekannt wurde er durch seinen Soldatenmantel, den er mit einem Bettler teilte, auf den er am Stadttor von Amiens getroffen war. Er wurde Christ, verabschiedete sich aus dem Militärdienst, gründete ein Kloster und wurde von den Gläubigen zum Bischof von Tours erwählt. Sulpicius Severus hat sein Leben aufgeschrieben. Martin wurde zum religiösen Heros der Franken und wird bis heute in deren Siedlungsgebiet durch Prozessionen und ein Martinsfeuer verehrt. Martin ist der erste Nichtmärtyrer, der offiziell von der Kirche als Heiliger anerkannt wurde. Für die Heiligen, die nicht das Martyrium erlitten haben, bürgerte sich der Name Confessor ein. Dieses lateinische Wort hat die gleiche Bedeutung („Bekenner") wie das griechische Wort Martys.

Am Beispiel dieses frühen Heiligen lässt sich bereits beobachten, wie es zur Verehrung eines Menschen als

Heiligen kommt. Es sind die Menschen, die mit der Verehrung beginnen. Ein Beispiel zeigt, dass es bis heute in der Regel so ist. Die Ordensschwester Euthymia, sie war Mitglied der Clemensschwestern im Bistum Münster, hat ein ganz unauffälliges Leben geführt. Schon Mitschülerinnen und später die Ordensfrauen beobachteten eine intensive Frömmigkeit an ihr. Außergewöhnliches hat diese Frau nicht getan, die meist in der Küche arbeitete. Im Krieg kümmerte sie sich um russische Kriegsgefangene. Die Verehrung wurde durch eine Heilung ausgelöst. Sie war noch aufgebahrt, als eine Schwester an einer Wäschemangel ihre Hand einquetschte. Sie wurde zur aufgebahrten Schwester Euthymia geführt. Als die Hand schnell heilte, verstanden das die Menschen als Zeichen dafür, dass Schwester Euthymia verehrt werden konnte. Viele besuchten ihr Grab. Jedoch bedurfte es eines Seligsprechungsprozesses, bis die Verehrung offiziell von der Kirche anerkannt wurde.

Denn für Menschen, die ihren Glauben nicht durch den Tod bezeugt haben, müssen Kriterien für die Beurteilung eines heiligmäßigen Lebens gefunden werden. Besondere Zeichen, z.B. Gebetserhörungen, werden als stichhaltige Kriterien gewertet. Die Prüfung erfolgt in Form eines meist jahrzehntelang dauernden Prozesses, in dem drei gerichtsähnliche Instanzen über den Antrag entscheiden. Die Heiligsprechung, die „Kanonisierung“ (Aufnahme in das Verzeichnis der Heiligen), die „Erhebung zur Ehre der Altäre“, erfolgt nach dem positiven Abschluss des Prozesses und wird vom Papst während eines Gottesdienstes offiziell verkündet.

Eine weitere begriffliche Unterscheidung entwickelte sich, die zwischen Heiligen und Seligen. Dies entstand im Mittelalter, als noch Bischöfe Verstorbene für die Verehrung herausheben konnten, man nannte die von Rom Bestätigten „Heilige“ und die von Bischöfen „heilig Gesprochenen“ Selige. Der erste von Rom heilig Gesprochene war Ulrich, Bischof von Augsburg, der 20 Jahre nach seinem Tod am 31. Januar 993 heilig gesprochen wurde.

Seit dem 17. Jahrhundert gibt es zwei Stufen der römischen Heiligsprechung. Zuerst wird jemand als „Seliger“ proklamiert, wie im Oktober 2003 Mutter Teresa von Kalkutta. In einem zweiten Schritt erfolgt erst die Heiligsprechung. Selige werden meist regional verehrt, Heilige werden in den Heiligenkalender für die ganze Kirche aufgenommen. Papst Johannes Paul II. hat die Verfahren für die Selig- und Heiligsprechung überarbeitet. In seinem Pontifikat wurden über 1250 Menschen selig und mehr als 470 heilig gesprochen; in der Zeit zwischen 1588, als Papst Sixtus V. die Verfahren festgelegt hatte, und 1978, dem Beginn des Pontifikates Johannes Pauls II., gab es nur 565 Selig- und 285 Heiligsprechungen.

Nach einem Heiligen können dann Kirchen benannt werden; er oder sie können Patron, Patronin von Diözesen, Provinzen und Ländern werden. Die Heiligen gehören zum Leben der Kirche. Einige haben Bedeutung für die ganze Kirche, ihre Verehrung hat sich überall durchgesetzt. Neben Maria und den 12 Aposteln sind das u. a. der heilige Nikolaus, der heilige Franziskus. Einzelne Heilige sind zu Identifikationsfiguren für einzelne Völker und Regionen geworden, z. B. der heilige König Stephan für die Ungarn, der heilige Patrick für die Iren, die heilige Hedwig für die Schlesier. Für die religiösen Orden sind die Heiligen des jeweiligen Ordens wichtige Identifikationsfiguren. So streben und strebten auch alle Orden danach, dass ihre Gründer heilig gesprochen werden.

Was tut ein Gläubiger, wenn er einen Heiligen, eine Heilige verehrt? Er betet ihn nicht an, sondern betet zu ihm. Theologisch wird zwischen Verehrung (dulia) und Anbetung (latreia) unterschieden. Anbetung wird nur Gott erwiesen. Die Verehrung der Heiligen gilt zugleich Gott, dessen Gnade sich in dem heiligen Menschen vollendet hat. Heilige sind in jeder Epoche auch Zeichen der Heiligkeit der Kirche.

Viele Beter räumen Heiligen einen besonderen Einfluss auf Gott ein. Die Vorstellung des Himmels als Hofstaat führt zu dem Gedanken, dass der Beter auf Erden im Himmel einen Vermittler hat, der seine Anliegen Gott vorträgt. Es ist also nicht der Heilige, der eine Heilung bewirkt, sondern er erbittet sie von Gott. Es sind allerdings nur einige der Heiligen, denen eine solche Rolle zugedacht wird. Vor allem Maria, dann dem heiligen Antonius von Padua, dem heiligen Josef, in früherer Zeit den 14 Nothelfern. Es gibt auch einige Heilige, die bei bestimmten Krankheiten angerufen wurden, so der heilige Vitus für die an Epilepsie Erkrankten. Mütter, die sich um ihre Kinder sorgen, wenden sich an die heilige Monika.

Luther und andere Reformatoren sehen in der Heiligenverehrung eine Beeinträchtigung der Gottesverehrung. In manchen Zeiten, so im ausgehenden Mittelalter mit seiner extensiven Reliquien- und Heiligenverehrung, konnte der Blick auf Gott und den Erlöser Jesus Christus verstellt erscheinen. Der Beter und wohl noch häufiger die Beterin, die in der katholischen Frömmigkeitskultur beheimatet sind, leben mit den Heiligen. Sie wissen, dass Gott allein der Allmächtige ist, zugleich sind für sie einzelne Heilige lebendig, so dass man sich im Gebet an sie wenden kann. Jedoch ist die Bitte um Fürsprache eines Heiligen nicht der Kern der Heiligenverehrung. Die Heiligen sind Identifikationsfiguren, Vorbilder, Menschen, die exemplarisch auf Herausforderungen ihrer Zeit reagiert und neue Formen des christlichen Lebens entwickelt haben.

Todestage und Gedenktage

Heiligenfeste liegen meist auf dem Todestag des Heiligen, der Heiligen. Todestage werden nicht nur von Heiligen begangen. Dass gerade das Andenken der Märtyrer am Tag ihrer Hinrichtung wach gehalten wurde, überrascht nicht. So wurde der bekannte römische Märtyrer Laurentius wahrscheinlich am 10. August 258 getötet. Dass aber das Fest des heiligen Heinrich am 13. Juli gefeiert wird, an dem Tag war der Kaiser 1024 gestorben, dass das Fest der heiligen Hildegard auf dem 14. September liegt, sie war an diesem Tag im Jahr 1179 gestorben, und am 11. November deshalb das Martinsfest gefeiert wird, weil der heilige Martin von Tours an diesem Tag 397 in Tours beigesetzt wurde (er war am 8. November gestorben), überrascht. Wir sind es gewohnt, den 100., 150. oder 200. Geburtstag zu feiern, ob von Theodor W. Adorno, Johann Wolfgang v. Goethe oder Karl Rahner. Das besondere christliche Verständnis des Todes lässt den Todestag zum Geburtstag werden. Gefeiert wird der Eintritt in ein neues Leben, das eigentliche Leben mit Gott, zu dem der Mensch in seinem irdischen Leben unterwegs ist. Die Heiligen und Seligen sind dort angekommen. Deshalb lassen Heiligenfeste keine Trauer aufkommen, sondern Freude darüber, dass ein Mensch sein Ziel erreicht hat.
Der christliche Auferstehungsglaube macht vielleicht auch verständlich, warum das Sterben der Märtyrer die junge Kirche im römischen Reich nicht mutlos werden ließ, denn so wie die Christen in den ersten Jahrhunderten sind wir heute nicht auf die Existenz im Him-

mel hin orientiert. Auf ein irdisches Paradies oder zumindest ein erträgliches Leben hofften diese Gläubigen nicht. Ihnen war die Vergänglichkeit und Vorläufigkeit des Lebens auf dieser Erde bewusst. Sie rechneten mit dem schnellen Ende der Welt. Ihre Weltsicht war apokalyptisch. Im 2. Brief an die Thessalonicher im 2. Kapitel wird deutlich, dass die Gläubigen mit dem baldigen Erscheinen Christi und damit mit dem Weltende rechneten. Im 3. Kapitel kritisiert Paulus diejenigen, die wegen des bald bevorstehenden Weltendes aufgehört hatten zu arbeiten.
Die Bibelwissenschaft hat erkannt, dass bereits in den Schriften des Neuen Testaments die Enttäuschung verarbeitet wurde, dass Jesus Christus noch nicht wiedergekommen war, um die Welt in ihre Vollendung zu führen. Paulus musste auf Fragen antworten, wie es denen ergeht, die bei der Ankunft Christi bereits gestorben sind, ob diese auch in ein ewiges Leben auferstehen werden. Den Tag des Weltendes, den Paulus den „Tag des Herrn" nennt, sieht er so: „Der Herr selbst wird vom Himmel herabkommen, wenn der Befehl ergeht, der Erzengel ruft und die Posaune Gottes erschallt. Zuerst werden die in Christus Verstorbenen auferstehen, dann werden wir, die Lebenden, die noch übrig sind, zugleich mit ihnen auf den Wolken in die Luft entrückt, dem Herrn entgegen. Dann werden wir immer beim Herrn sein" (1 Thess 4,16f.).
Welchen Kalendertag bestimmte man für die Heiligen, deren Todestag nicht mehr überliefert war? Oder an welchem Tag soll einer der Erzengel verehrt werden? Eine Lösung bestand darin, den Weihetag der Kirche zu feiern, die dem Heiligen geweiht wurde. Der 29. Sep-

tember ist der Tag, an dem die Kirche an der Via Saleria in Rom dem Erzengel Michael geweiht wurde. Das ist bis heute der Festtag. Am 24. September 774 weihte der heilige Virgil, Bischof von Salzburg, den Dom zu Ehren des heiligen Rupert, der bis 718 Bischof derselben Stadt war. Das Fest beider wird am 24. September gefeiert. Das Fest „Mariä Geburt“ am 8. September leitet sich vom Kirchweihtag einer Jerusalemer Kirche her, die der heiligen Anna, der Mutter Marias, geweiht war. Der Platz, auf dem die Kirche steht, gilt in einigen Traditionen als Ort der Geburt Marias.

Einige wenige Heilige haben auch mehr als einen Gedenktag. So feiern die Christen die Bekehrung des späteren Völkerapostels eigens am 25. Januar, weil dieses Ereignis für die weitere Entwicklung der Kirche von großer Bedeutung war.

Reliquien

Im Mittelalter übten die sterblichen Überreste von heiligen Menschen eine große Anziehungskraft aus. Es kam zu großen Wallfahrtsbewegungen zu den Gräbern von Petrus und Paulus in Rom, nach Santiago de Compostela (heiliger Jakobus), wo nach der Legende die Gebeine des Apostels Jakobus, des älteren Bruders des Johannes, gelangt sind; ab dem 12. Jahrhundert nach Köln, weil Erzbischof Rainald von Dassel 1158 aus Mailand die Gebeine der Drei Könige, die der Stern zur Krippe in Betlehem geführt hatte, nach Köln gebracht hatte. Was erhofften sich die Menschen, wenn sie den Sarg berühren oder sehen konnten? Reliquie kommt von „Zurücklassen"; Knochen, aber auch Kleidungsstücke sind das, was die Heiligen zurückgelassen haben.

Schon die ersten christlichen Generationen haben ihre Heiligen dort beerdigt, wo sie Gottesdienst gefeiert haben, in den Katakomben und später in den ersten Basiliken. In den romanischen Kirchen wurden die Gebeine der Heiligen in der Krypta beigesetzt. Der Altar wurde dann sozusagen über den Gräbern der Heiligen errichtet. Das Bonner Münster erhebt sich über einem alten Soldatenfriedhof, in der Krypta kann man sich noch ein Bild von der ersten kleinen Kapelle machen, die über den Gräbern der Märtyrer errichtet worden war. Wenn die Mittel für den Bau einer Krypta fehlten, spricht man von einer Confessio, einem „Bekenntnis", denn die Kirche baut auf dem Bekenntnis der Glaubenszeugen auf.

In der Gotik bricht sich eine andere Frömmigkeit Bahn. Die Menschen wollten sehen. So erhob der Priester die gewandelte Hostie über seinen Kopf, denn er stand vor dem Altar mit dem Rücken zur Gottesdienstgemeinde. Die Wallfahrten nahmen zu, so dass man die Pilger nicht mehr durch die Krypta schleusen konnte. In der ersten gotischen Kirche, Saint Denis, heute ein nördlicher Vorort von Paris, wurden die Gebeine des hl. Dionysius, des ersten Pariser Bischofs, auf den Altar gestellt. Das kann man heute noch im Kölner Dom sehen. Der goldene Schrein mit den Gebeinen der Heiligen Drei Könige steht auf dem Hauptaltar.

Warum wollten die Menschen den Sarg eines Heiligen anfassen oder später den Schrein mit seinen Gebeinen sehen? Die Reliquien, das, was die Seele des Heiligen auf der Erde zurückgelassen hatte, wird am Ende der Welt bei der Auferstehung der Toten wieder mit der Seele vereint werden. Die Toten werden ihre Gräber verlassen und sich mit ihren Seelen, die im Himmel sind, vereinen. Kirchen mit den Gebeinen der Heiligen sind damit Tore zum Himmel. Die Reliquien werden aus den Gräbern in den Himmel versetzt werden. Wer die Gräber der Heiligen besuchte, sah sich dem Himmel näher und konnte hoffen, mit den Gebeinen der Heiligen in den Himmel aufgenommen zu werden. Nicht nur am Ziel der Wallfahrt, sondern auf dem Weg dorthin wollten die Pilger Reliquien besuchen. So führte der Weg nach Santiago de Compostela an den Gräbern möglichst vieler Heiliger vorbei. Bekannt ist die Kirche in Conques, in der die Gebeine der heiligen Foy aufbewahrt werden, die unter den römischen Kaisern den Märtyrertod erlitt.

So materiell der Umgang mit den Reliquien uns heute erscheint, seine Wurzel ist der Glaube an die Auferstehung aller Verstorbenen. Da man sicher sein konnte, dass die Heiligen nicht in der Hölle sein werden, sondern im Himmel, konnten sich die Menschen durch den Besuch der Reliquien auf den Himmel ausrichten. In der Kirche des Ostens sind die Heiligen auf andere Weise präsent. Sie schauen die Gottesdienstbesucher von der Ikonostase an. Sie blicken aus dem Himmel auf die Gläubigen. Die Verehrung der Ikone steht daher in den orthodoxen Kirchen anstelle der Reliquienverehrung des Mittelalters.

Der tiefere Sinn der Vornamen

Mit unserem Nachnamen werden wir einer Familie zugeordnet, wir sind einer von den Hubers, Mayers, Schmidts, Lehmanns … Durch den Vornamen erhalten wir unseren Platz in der Familie. Viele von uns tragen einen Vornamen, den schon eine Tante, ein Onkel, eine Großmutter oder ein Großvater trugen. Da gibt es dann den großen und den kleinen Franz, die große Anna und die kleine Anne. Zunehmend suchen Eltern einen Namen für ihr Kind, der gut zu ihm passen soll. Unabhängig von dem Heiligen, ob Franz, Anna, Elisabeth oder Lukas, die den Namen getragen haben, finden wir etwas über uns heraus, wenn wir die Bedeutung unseres Vornamens mit unserem Leben in Beziehung setzen. Franziskus heißt einfach „der kleine Franzose". Wer Franz oder Franziska heißt, kann überlegen, ob das Französische dem eigenen Leben einen Akzent geben soll. Ein Franz oder eine Franziska können die Sprache lernen, sich mit der Geistesgeschichte dieses Volkes beschäftigen, besonders aufmerksam mit französischen Gästen umgehen. Der heilige Franz von Assisi kommt uns als die Verkörperung des Italienischen vor, er hatte jedoch eine französische Mutter. Vielleicht heißt das heute für die Träger dieses Namens, dass sie sich dem europäischen Gedanken besonders verpflichtet fühlen. In eine andere Dimension weist der Name „Angela", „Angelika". Dieser kommt von dem lateinischen Wort „Angelus", das in dem deutschen Wort „Engel" oder englisch „Angel" nachklingt. Diese Namensträger haben etwas mit dem Himmel zu tun, sie können ihr Leben auch so verstehen, dass sie für andere Engel werden können, die wie der Engel Rafael Reisende begleitet und schützt oder ihnen wie Gabriel eine besonders wichtige Botschaft überbringen.

Rafael, Gabriel, Michael – die bekanntesten Engelnamen, haben die gleiche Endsilbe „El". Im Alten Testament ist neben Jahwe „El" der häufigst gebrauchte Gottesname. Gabri-el überbringt an Maria die Botschaft, dass sie den Menschensohn empfangen wird. Der Name bedeutet: Kraft Gottes oder Held Gottes. Von Rafa-el erzählt das Buch Tobias. Der Name heißt übersetzt: „Gott heilt". Micha-el ist eine Frage: Wer ist wie Gott? Damit konfrontiert Michael die abgefallenen Engel. Es gibt auch andere Namen mit der Endsilbe „El". Samuel bedeutet: „von Gott erhöht", Daniel „Gott richtet".

In der Bibel gibt es Geschichten, die davon berichten, dass Gott einem Kind einen bestimmten Namen zugesprochen hat. Die Geburt des Vorläufers Jesu, des Johannes' des Täufers, wird seinem Vater, einem Priester, im Tempel angekündigt. „Deine Frau Elisabet wird einen Sohn gebären; dem sollst du den Namen Johannes geben" (Lk 1,13). Johannes beinhaltet den Gottesnamen Jahwe und bedeutet: „Gott ist gnädig". Joachim bedeutet „Gott richtet auf". Jakob heißt übersetzt „Gott möge schützen", Hanna oder Anna „Gott war gnädig". Auch die Geburt Jesu wird angekündigt. Der Engel sagt zu Maria „Du wirst ein Kind empfangen, einen Sohn wirst du gebären: dem sollst du den Namen Jesus geben" (Lk 1,31). Auch im Namen Jesus verbirgt sich der Gottesname Jahwe, deshalb heißt Jesus übersetzt: „Gott rettet".

Es gibt auch Namengebungen, in der die Eltern ausdrücken, was ihnen das Kind bedeutet. Wir lesen im 1.

Buch der Bibel, in der Genesis, über die Söhne Jakobs: „Lea gebar einen Sohn und nannte ihn Ruben: Seht einen Sohn!" (Gen 29,32). Ihren zweiten Sohn nennt sie Simon, „der Hörer", weil Gott ihr Gebet erhört und ihr ein weiteres Kind geschenkt hat. Ihr Sohn „Juda" heißt „Dank", weil eine Mutter stolz sein konnte, mehrere Söhne zu haben.

Im Griechischen findet sich auch der Gottesname „Theos"; Theodor ist ein „Geschenk Gottes", Timotheos oder lateinisch Timotheus meint „Schatz Gottes". Amadeus kommt von lateinisch „Liebe" und „Gott", einer der von Gott geliebt wird, der Gott liebt. Renatus, Renata heißt der, die Wiedergeborene, was sich auf die Wiedergeburt in der Taufe bezieht. Benedikt ist der Gesegnete.

Die Vornamen aus germanischen Wortstämmen haben selten einen Bezug zu Gott. Ger ist der Speer, der Spieß, Gerhard, Gerd heißt im ersten Wortteil Speer, -hard meint nicht „hart", sondern „kühn". Manfred ist der Mann des Friedens, Roland meint „Ruhm des Landes" und auch Erbe.

In dem Vornamen können wir eine besondere Richtung für das eigene Leben entdecken, der Name „ruft" uns durch seine Bedeutung, z.B. unser Leben als Geschenk zu verstehen, mutig zu sein, uns für den Frieden einzusetzen.

Im Rückblick entdecken wir vielleicht, wie unser Vorname uns begleitet hat, wie manches in unserem Leben mit der Bedeutung unseres Namens zusammenhängt. Warum habe ich mich so und nicht anders entschieden? Warum habe ich eine Aufgabe übernommen und mich von den Widerständen nicht unterkriegen lassen?

Brauchtum und Ikonographie

Viele Heiligenfeste haben ein eigenes Brauchtum entwickelt, das oft mit Handlungen des Heiligen in Beziehung steht.

Drei Könige	–	Wanderung der Könige von Haus zu Haus als Gedächtnis der Suche der Könige nach dem Kind.
Blasius-Segen	–	Ein Frühlingssegen wird mit einer Heilungstat des Heiligen in Verbindung gebracht, der einen Knaben von einer Gräte im Hals befreite und ihm so das Leben rettete.
Martin	–	Ritt als Gedächtnis an den römischen Offizier, der auf dem Pferd reitend einem Bettler begegnete und mit diesem seinen Mantel teilte.
Nikolaus	–	Verschenken als Erinnerung daran, dass der Heilige drei armen Mädchen unbemerkt Geld für ihre Aussteuer schenkte.

Durch charakteristische Darstellungen haben die Heiligen eine bestimmte Individualität gefunden. Diese Zeichensprache – Ikonographie – ermöglicht nicht nur das Wiedererkennen, sondern stellt auch Bezüge zu Taten des Heiligen sowie seinem Patronat her. So wird der heilige Sebastian in seinem Martyrium dargestellt – er starb durch Pfeile. Der heilige Georg tötet den Drachen, Symbol des Bösen. Der heilige Arianus wurde nach der Le-

gende durch Delphine aus Seenot gerettet. Der heilige Nepomuk ist deshalb Brückenheiliger, weil er von einer Brücke in den Fluss gestürzt wurde. Diese Darstellungen werden oft erst verstanden, wenn die Geschichten und Legenden über den Heiligen erzählt werden.
Heiligenfiguren haben ihre Plätze im Kirchenraum. In vielen gotischen Kirchen finden sich zwölf Säulen. Sie symbolisieren die 12 Apostel. Im Galaterbrief des Paulus (Gal 2,9) werden Jakobus, Petrus und Johannes „Säulen" genannt. Auf den Säulen der Apostel ruht die Kirche, so dass diese Vorstellung in der Baukunst ihren Niederschlag fand. Heilige finden sich in den meisten Kirchen nicht auf „Augenhöhe" der Betenden, sondern sie stehen höher auf Konsolen. Da das Gewölbe den Himmel symbolisiert und die Heiligen nicht mehr zu den Bewohnern der Erde gehören, ist auch ihr Platz im Kirchenraum erhöht.
Gotische Dome haben Skulpturen von Heiligen und Engeln außen am Turm und an der Außenseite des Mittelschiffs angebracht. Oft erkennt man die Figuren erst, wenn man den Turm besteigt. Die Engel und Heiligen haben eine Schutzfunktion gegen die Dämonen und bösen Geister. Diese Dämonen sind besonders an romanischen Kirchen dargestellt, Drachen, fratzenhafte Tiergesichter starren die Menschen an. Bei den Engeln und Heiligen sucht man Schutz vor diesen Bedrohungen.
In mittelalterlichen und in Barock-Kirchen finden sich neben dem zentralen Altar so genannte Seitenaltäre. Diese waren einmal durch eine Gottesdienstpraxis notwendig, die erst durch die Liturgiereform des II. Vatikanischen Konzils obsolet geworden ist. Vorher war es

möglich, dass an mehreren Altären zugleich Priester „die Messe lasen". Das kam weniger in den Pfarrkirchen vor als in den Ordenskirchen, wo mehr als zwei, drei Priester ihren Dienst taten. Da jeder Priester täglich die Messe feierte, waren die Seitenaltäre eine Lösung. Nachdem das II. Vatikanische Konzil die gemeinsame Messfeier mit mehreren Priestern, die Konzelebration, eingeführt hatte, brauchte man die Seitenaltäre nicht mehr. Diese Altäre haben nicht nur wegen der veränderten Praxis der Priester ihre Funktion verloren, sondern auch als Bezugspunkt für Zünfte und Berufsgruppen. Entsprechend dem Patron einer Zunft war der Altar einem Heiligen, einer Heiligen geweiht. Frauen und besonders Mütter beteten vor dem Bildnis der heiligen Anna, der Mutter Marias. Ein Marienaltar ist bis heute in vielen Kirchen Ort des Gebetes.

Lebensaufgaben und Lebenslinien

Heilige sind für jede Generation von Interesse, denn sie haben in ihrer Zeit eine Aufgabe übernommen, sich engagiert und mit großen Schwierigkeiten zu kämpfen gehabt. Wir können beobachten, wie sie die Aufgabe erkannt und welche Antwort sie gefunden haben. Die folgenden Kurzbiografien zeigen die Vielfalt der Persönlichkeiten und die Verschiedenheit der Herausforderungen.

Benedikt – Strukturierung des Alltags (11. Juli)

Ordnung in das Zusammenleben einer Gemeinschaft von Mönchen zu bringen, um sie frei zu machen für den Lobpreis Gottes – das war das große Lebensthema des heiligen Benedikt. Dass es dazu kam, liegt sowohl in seinen eigenen Einsiedler-Erfahrungen begründet als auch in den Erfahrungen als Leiter eines Klosters. Mit dieser Ordnung, die Gebet, Lektüre, Studium wie auch körperliche Arbeit in einen Rhythmus brachte, hat er dem Aufbau der Kultur im Abendland ein sicheres Fundament gegeben. In den „Dialogen" hat Gregor der Große, Papst zwischen 590–604, selbst ein Benediktinermönch, den Lebenslauf Benedikts skizzenhaft aufgezeichnet und seine Person durch Legendenerzählungen charakterisiert.

Benedikt ist um 480 in Nursia in Umbrien/Italien geboren. Seine Zwillingsschwester erhielt den Namen Scholastica. Von seinen Eltern wurde er nach Rom zum

Studium geschickt. Abgeschreckt durch die Sittenlosigkeit seiner Kommilitonen, brach er das Studium ab, ließ sich in Affile (Enfide) in der Einsamkeit der Sabinerberge nieder und lebte mit einer Gruppe von Asketen zusammen. Nach einiger Zeit zog er sich für drei Jahre in eine Höhle bei Subiaco zu einem strengen Einsiedlerleben zurück.

Eine Mönchsgemeinschaft aus dem nahen Kloster Vicovaro berief ihn zum Vorsteher, doch scheiterte er dabei mit dem Versuch, das Leben der Mönche zu ordnen; ein Giftattentat überlebte er nur knapp. Wieder ging er nach Subiaco, scharte etliche Einsiedler um sich, die in zwölf Klostergemeinschaften lebten und von ihm geleitet wurden. Im Jahre 529 verließ Benedikt Subiaco, gründete südöstlich von Rom auf einem Berg bei Cassinum das Kloster Montecassino. Hier schrieb er die Regula Monasteriorum, seine Mönchsregel, die Beten und Arbeiten (ora et labora) harmonisch verbindet. Diese Regel war eine neben anderen, so hatten die irischen Mönche ihre Form des Klosterlebens mit auf den Kontinent gebracht.

Als Karl der Große den kulturellen Aufbau des Abendlandes organisierte, führten er und sein Sohn Ludwig der Fromme die benediktinische Form des Mönchtums verpflichtend für das Reich ein. Die Benediktiner haben die Grundlagen des Mittelalters geschaffen. Bis zur Gründung der Bettelorden war die Regel des heiligen Benedikt vom 9. bis zum 13. Jahrhundert maßgeblich. Reformbewegungen wie die Zisterzienser stellten sie nicht in Frage. Auch andere Orden orientierten sich an seiner Regel. Rasch entwickelten sich die Benediktinerklöster zu Stätten von Wissenschaft, Kultur, Bildung, medizinischer Versorgung und Entwicklung der Landwirtschaft. Deswegen wird Benedikt auch „Baumeister des christlichen Abendlandes“ genannt; seit 1964 ist er der Patron Europas. Er starb am 21. März 547, einem Gründonnerstag, und wurde neben seiner Schwester Scholastica beerdigt. Weil seine Gebeine am 11. Juli 703 nach Fleury in Frankreich überführt worden sind, gilt dieses Datum als sein Gedenktag.

Christophorus –
Nur dem höchsten Herrn dienen (24. Juli)

Das Bild des heiligen Christophorus findet sich in vielen Autos oder als Amulett am Schlüsselbund: Ein Riese, mit einem Baum als Stab, trägt das Kind Jesus auf seinen Schultern durch einen Fluss ans andere Ufer. Von diesem Geschehen ist sein Name aus dem griechischen „Christos pherein“ abgeleitet: Christus tragen, Träger von Christus sein. In mittelalterlichen Kirchen ist sein Bild in übermenschlicher Größe neben dem Portal zu finden, weil die Menschen damals glaubten, wer den heiligen Christophorus am frühen Morgen gesehen habe, der könne an diesem Tag nicht sterben, da ihm die Lebenskraft bis in den Abend hinein erhalten bleibe. Deswegen wurde sein Bild so gemalt, dass die Menschen es beim Verlassen der Kirche sehen konnten, oder es findet sich überlebensgroß an Hauswänden.
Christophorus ist dadurch einer der populärsten Heiligen überhaupt geworden und gehört zu den Vierzehn Nothelfern. Er lebt aber nicht nur in den Legenden, die sich um ihn ranken, sondern sein Leben und Sterben

sind historisch verbürgt. Demnach soll er aus Lykien stammen und wahrscheinlich unter Kaiser Decius um 250 das Martyrium erlitten haben. Die erste Kirche wurde ihm 452 in Chalkedon, dem heutigen Kadiköy, gegenüber von Istanbul am Bosporos, geweiht. Mit Christophorus besiegten Menschen nicht nur ihre Angst, in seiner Figur finden mythische Bilder ihren Niederschlag, denn am Ende des Lebens muss der Mensch einen großen Fluss überqueren, um in das andere Leben zu gelangen.

In der Urform der Legende war er der menschenfressende Riese Reprobus, der Verworfene, der bei seiner Taufe den Namen Christophorus erhält und ebenso die menschliche Sprache. Der Vorgang symbolisiert die verwandelnde Kraft. In ihr wird der Mensch neu geschaffen als Gottes Ebenbild.

Die bis heute bekannteste Legende findet sich in der Legenda aurea. Hier heißt er „Riese Offerus“, das bedeutet: „der sich gern Aufopfernde“; er will nur dem mächtigsten Herrn dienen. So versucht er es beim König, der sich aber vor dem Teufel fürchtet. Also tritt Offerus in den Dienst des Teufels. Der aber hat Angst vor dem Kreuz, vor Christus. Offerus macht sich auf, Christus zu suchen, erhält dabei von einem Eremiten den Rat, an einem Fluss zu warten und Pilger ans andere Ufer zu bringen. Eines Tages kommt ein Kind, das auf den Schultern des großen Mannes eine solch schwere Last wird, dass Offerus es kaum bis ans andere Ufer tragen kann. Das Kind offenbart ihm, dass er Christus trage, tauft ihn im Fluss und gibt ihm den Namen Christophorus. Dann erreichen sie die andere Seite des Flusses.

Die Legende zeigt, dass Christophorus dem Höchsten dienen will, ihn aber nicht kennt. Die Erzählung berichtet nun von verschiedenen Versuchen, die er unternimmt, um dieses Ziel zu erreichen. Geistlicher Rat bringt ihn dann weiter. Doch lange passiert nichts. Christophorus wartet und trägt Menschen, die auf dem Weg zu Gott sind (Pilger), über den Fluss. Doch als es „um alles" ging, er dem Mächtigsten und Höchsten begegnet, den er sucht, erkennt er ihn nicht. Gott zeigt sich Christophorus in unverhoffter, überraschender Weise – so wie allen, die ihn suchen. Erst im Vollzug seines guten Tuns wird Christophorus klar, wen er getragen hat. So wird er nicht nur selbst durch Christus verwandelt, sondern steht auch für das Symbol des Fährmanns, der sicher an das andere Ufer führt – im Leben zum Glauben, im Tod zu Gott.

Edith Stein – Solidarität mit den Juden (9. August)

Als Jüdin wurde sie aus dem holländischen Kloster Echt nach Auschwitz gebracht. Grund der Verfolgungsaktion der Nationalsozialisten war ein Hirtenwort der holländischen Bischöfe gegen die Rassenlehre der deutschen Besatzer, das am 26. April 1942 in den Kirchen verlesen wurde. Daraufhin erklärten die Nazis die getauften Juden zu den gefährlichsten Feinden. Getötet wurde sie im August des gleichen Jahres in den Gaskammern von Auschwitz, weil sie zum jüdischen Volk gehörte. Sie hat nach ihrer Taufe im Jahre 1922 ihre Solidarität mit ihrem Volk nicht aufgegeben. Die Deutschen haben sie nicht wegen ihrer religiösen Überzeugung aus dem

Kloster herausgeholt, sondern weil sie Jüdin war. Eine katholische Ordensfrau wird Opfer der Rassenlehre. Sie hat ihren Tod vorausgesehen und ihn als Kreuzesnachfolge verstanden.
Edith Stein war in einem gläubigen jüdischen Elternhaus aufgewachsen, hatte sich aber im Alter von 14 Jahren bewusst von Gott abgekehrt und war zur Atheistin geworden. Sie studierte und wurde Schülerin des Philosophen Edmund Husserl. Durch Zufall stieß sie auf die Autobiographie der Theresa von Avila, die sie in einer Nacht durchlas und sich bald danach taufen ließ. Sie wird in der Lehrerausbildung tätig, hält Vorträge und gehört zu den bekannten Intellektuellen des Katholizismus. Sie verstand sich als Frauenrechtlerin und setzte sich vor allem für Lehrerinnen ein. Als sie einem Abt berichtet, sie wolle in den Orden der Theresa von Avila, den Karmel, eintreten, sieht dieser ihre Berufung in der geistigen Auseinandersetzung und öffentlichen Wirksamkeit. Im Jahr 1933 trat sie im Alter von 42 Jahren in den Karmel von Köln ein, weil sie hier ihre Berufung sah. Nach der Reichspogromnacht wechselte sie in der Silvesternacht des Jahres 1938 nach Holland, in den Karmel von Echt. „Es gibt nur wenige Seelen, die in ihrem Innersten von ihrem Innersten aus leben, und noch weniger, die dauernd darin und von ihm leben.“ Am 11. Oktober 1998 wird Edith Stein in Rom heilig gesprochen.

Elisabeth – Die Armen im Blick (19. November)

Nein, das tut eine Frau in einer solchen sozialen Stellung nicht: selbst zu Armen und Kranken ins Spital zu gehen, um sie zu pflegen, selbst in der Küche Geschirr abzuwaschen oder mit den Mägden am Spinnrad zu sitzen, die sie nicht mit „Herrin" anreden sollen, sondern mit „du" und „Elisabeth". Reicht es nicht, dass sie ihren Schmuck verkauft, um davon Almosen zu geben? So dachten die Menschen über die Frau des Herrn auf der Wartburg. Sie sah deutlich den krassen Gegensatz von Arm und Reich, den sie aus Liebe zu Christus mildern wollte. Sie sah konkrete Menschen leiden und half ihnen konkret. In ihrem sozialen Engagement ging Elisabeth ungewöhnliche Wege, die weit über das Maß der damals als normal erachteten sozialen Fürsorge für Frauen in ihrer Position hinausging. Ja, sie stellte sich damit selbst ins soziale Abseits. Doch indem sie in Notjahren armen Männern Sicheln, Schuhe und Hemden schenkte, damit sie zur Ernte aufs Feld gehen konnten, achtete sie mit dieser „Hilfe zur Selbsthilfe" deren Würde.

Um den Not leidenden Menschen so helfen zu können, wie Elisabeth selbst das wollte, musste sie große Widerstände überwinden. So aß sie nichts von der Nahrung, von der sie vermuten konnte, dass den Bauern Unrecht geschehen war. Sie ging ihren Weg und ließ im Gegenzug auch andere deren eigenen Weg gehen: ihren Mann Ludwig, Landgraf von Thüringen. An ihren Taten wollte sie gemessen werden, deren Grund sie im Glauben an Christus fand. „Ich habe euch immer gesagt, dass wir die Menschen fröhlich machen müssen", heißt eines ihrer wenigen überlieferten Worte.

Elisabeth wurde 1207 auf Burg Sáros-Patak in Ungarn geboren. Ihre Eltern sind der ungarische König Andreas II. und dessen erste Frau Gertrud von Andechs-Meran, eine Schwester der heiligen Hedwig von Schlesien. Bereits mit vier Jahren wurde Elisabeth mit dem elfjährigen Ludwig, Sohn des mächtigen Landgrafen von Thüringen, vermählt. Die Sitte, Kinder zu verheiraten, war damals üblich und hat sich in adligen Kreisen bis ins 18./19. Jahrhundert erhalten, denn Ehen galten als Verbindung zweier Familien, nicht als Vereinigung von zwei sich liebenden Menschen. Elisabeth wuchs zusammen mit Ludwig auf der Wartburg auf, wo sie von ihrer künftigen Schwiegermutter, Landgräfin Sophie von Bayern, erzogen wurde, die inmitten eines der prächtigsten und luxuriösesten Höfe dieser Zeit nach den strengen Idealen der Zisterzienser lebte.

Die Heirat von Elisabeth und Ludwig erfolgte 1221. Ein Jahr danach kam mit Hermann (der später Landgraf von Thüringen wurde) das erste von drei Kindern zur Welt. 1224 folgte Sophie, die später Herzogin von Brabant und zur Stammutter der hessischen Landgrafen wurde, und 1227 Gertrud, die später Äbtissin des Klosters Altenberg an der Lahn und heilig gesprochen wurde. Die Ehe von Elisabeth und Ludwig IV. war sehr glücklich, und als er 1227 zum Kreuzzug aufbrach, ritt Elisabeth zwei Tage neben ihm her, weil sie sich nicht trennen wollte. Umso stärker traf sie die Nachricht seines Todes, der sich am 11. September 1227 in Otranto, Apulien, ereignete. „Tot. Tot soll mir nun aller Welt Freude und Ehre sein“, sagte Elisabeth, die zwanzigjährige Witwe. Nur sechs Jahre war sie mit Ludwig verheiratet. Von nun an entbehrte sie seinen Schutz besonders, denn Ludwig hatte sowohl ihre asketische Lebensweise als auch ihren Einsatz für Arme und Kranke, der von höfischen Kreisen heftig missbilligt wurde,

unterstützt. So ließ Elisabeth beispielsweise in der Hungersnot des Jahres 1226 Armenspeisungen aus der Staatskasse finanzieren, eine für die damalige Zeit noch nicht gesehene Verantwortung der Herrschenden.
Nach dem Tod ihres Mannes wurden ihr sämtliche Witwenansprüche vorenthalten, so dass sie mit ihren Kindern in Armut in Eisenach leben musste. Durch Vermittlung ihrer Verwandten und ihres Beichtvaters Konrad von Marburg erhielt sie von ihrem Schwager Heinrich Raspe, dem neuen thüringischen Landgrafen, eine größere Summe Geld sowie Güter in Marburg. Hier gründete sie 1228/29 das Franziskus-Spital, benannt nach Franz von Assisi. 1228 gab sie ihre Kinder weg und trat in den Franziskanerorden ein. Unermüdlich setzte sie ihren Einsatz für die Armen, Kranken und Bedürftigen fort. Völlig entkräftet, starb sie mit 24 Jahren in der Nacht vom 16. auf den 17. November 1231, nur 24 Jahre alt. Ihr Bespiel hatte auf ihre Zeitgenossen eine so starke Wirkung, dass sie vier Jahre nach ihrem Tod am 27. Mai 1235 heilig gesprochen wurde.

Franz von Assisi –
In der Einfachheit Gott finden (4. Oktober)

Warum fasziniert dieser Mann seit fast tausend Jahren die Menschen? Was ist der Grund, warum 1993 die amerikanische Zeitschrift „Time Life“ Franz von Assisi zu den zehn wichtigsten Persönlichkeiten des zweiten Jahrtausends zählte? Es ist die charismatische Art, wie er seine Christusnachfolge verstand. Das Leben in Armut war ihm nicht vorgezeichnet. Giovanni Bernardo-

ne – so sein bürgerlicher Name – war Sohn eines reichen Kaufmanns. Er wollte Ritter und Dichter werden. Er zieht in den Krieg gegen eine Nachbarstadt. Deprimiert kommt er aus diesem Krieg zurück. In einer Grotte bei Assisi erlebt er eine Vision, die seine Lebensplanung völlig umwirft: Gott fordert Franziskus auf, sich selbst und seinen Reichtum gering zu achten. Franziskus lässt sich von diesem Anruf Gottes treffen und folgt dieser Vision, verschenkt seinen Reichtum und tritt nur noch als Bettelmönch auf. Er und die ständig steigende Zahl seiner Mitbrüder leben als Arme unter Armen.
So einfach, wie es hier geschrieben ist, hat Franziskus seine Umkehr auch in die Tat umgesetzt. Die Stelle vom reichen Jüngling aus dem Markusevangelium (10,21) hat er wörtlich genommen: „Gehe hin, verkaufe alles, was du hast, und gib es den Armen." Der Vers im Lukasevangelium (10,4) gab ihm seine künftige Lebensweise vor: „Traget nicht Sack noch Tasche, noch Schuhe." (Franziskanerklöster befinden sich oft in oder am Ende von „Barfüßergassen"; die Mitglieder dieses Ordens wurden früher auch Barfüßer genannt.)
Franziskus sieht in Gott nicht mehr den Herrscher und König, sondern stellt den armen, leidenden Gottessohn in den Mittelpunkt. Er meditierte sich möglichst realistisch in die Ereignisse des Lebens Jesu hinein. 1223 stellte er im Wald von Grecchio das Weihnachtsereignis, die Menschwerdung Gottes, in einer Höhle mit Ochs und Esel und einer Krippe mit Heu nach. (Daraus hat sich die Weihnachtskrippe entwickelt.) Er identifizierte sich so tief mit Christus, dass er Stigmata bekam, Wundmale an den Körperstellen, an denen Christus ans Kreuz genagelt worden ist. Das Leben

Franz von Assisis zeigt: Arm unter Armen zu leben um Christi willen – das ist der größte Reichtum, den es gibt. Der Sohn des Tuchhändlers wurde als Giovanni Bernardone 1182 in Assisi geboren. Er war sensibel und überdurchschnittlich intelligent, lebte verschwenderisch. Am Städtekrieg zwischen Perugia und Assisi (1202) nahm er als Soldat teil und geriet ein Jahr lang in Gefangenschaft, die bei ihm eine innere Krise auslöste. Anschließend pilgerte er nach Rom, kam als „Poverello", kleiner Armer, zurück. In der Zeit von 1205 bis 1209 vollzog sich seine endgültige Bekehrung, er baute Kirchen und Kapellen mit seinem Geld. Deswegen wurde er von seinem Vater 1206/07 enterbt. Franziskus' Beispiel machte Schule und bald scharten sich die ersten Gefährten um ihn. Von den Benediktinern ließ er sich die kleine Kirche Santa Maria degli Angeli mit einem Stück Land schenken, das er Portiuncula, kleines Teilchen, nannte. Daneben entstand das Stammkloster der Franziskaner.

Franziskus verfasste eine erste Regel für die Minderbrüder, wie sich die ersten Franziskaner nannten. Sie wurde 1210 von Papst Innozenz III. mündlich bestätigt, ging aber verloren. 1212 entstand durch eine junge Frau, Klara, der weibliche Zweig des Ordens (Klarissen). Franziskus entsandte seine Brüder zur Predigt, er selbst tat das 1212 in Dalmatien und 1213–1215 in Spanien. Im Kreuzzug von 1217–1221 versuchte er, den Sultan für das Christentum zu gewinnen. 1217 musste der Orden aufgrund sehr raschen Wachstums in Provinzen aufgeteilt werden, 1221 kam der Dritte Orden für Laien hinzu. Die zweite Regel des Ordens wurde 1223 von Papst Honorius III. bestätigt.

Am 14. September 1224 empfing Franziskus die Wundmale Christi. Augenzeuge dieser ersten historisch verbürgten Stigmatisation war der heilige Bonaventura. Am 3. Oktober 1226 starb Franziskus, den zuletzt Blindheit und Krankheiten plagten, wie er es sich gewünscht hatte: entkleidet auf nacktem Boden liegend, während die Leidensgeschichte Jesu vorgelesen wurde.

Heinrich II. und Kunigunde – Mächtig und zugleich an Christus orientiert (13. Juli)

Heinrich II. war der erste Kaiser, der – aus tiefer christlicher Demut – seine Macht als „von Gottes Gnaden" ansah. Thietmar von Merseburg überliefert folgende Worte Heinrichs II.: „Da mir keine Hoffnung auf leibliche Nachkommen mehr bleibt, habe ich für künftigen Lohn Christus zu meinem Erben erkoren. Ihm brachte ich meine beste Habe zum Opfer dar: mich selbst, meine Besitzungen und was ich noch je erwerben werde." Wie er seine Herrschaft von Gottes Gnaden verstand, verdeutlicht ein von ihm in Auftrag gegebenes Evangeliar aus dem Domschatz zu Bamberg. In der Mitte sitzt Christus auf dem Thron, krönt mit seiner Rechten Heinrich und mit seiner Linken Kunigunde. Auf dem Bild ist weiter zu sehen, dass der Apostel Petrus Heinrich und der Apostel Paulus Kunigunde leiten. Germania reicht dem Kaiser die Weltkugel, Roma den Reichsapfel, den Siegeskranz reicht Gallia dar, und die slawischen Völker bringen ihm Tribut – Sinnbild und Inbegriff des „Heiligen Imperiums"!
Heinrich ist der letzte der ottonischen Herrscher, Kunigunde eine Prinzessin. Er wurde am 6. 5. 973 in Hil-

desheim geboren, sie um 980 in Luxemburg. Er wurde von Bischof Wolfgang von Regensburg erzogen, sie erhielt durch ihren Vater Graf Siegfried von Lützelburg ebenfalls eine hervorragende Erziehung. 999 heirateten Heinrich II. und Kunigunde. Ihre Ehe blieb kinderlos. Nachdem Heinrich vier Jahre zuvor (995), nach dem Tod seines Vaters, Herzog von Bayern geworden war, wurde er 1002 zum deutschen König gewählt und gekrönt. Kurz nach Regierungsantritt verteidigte er das Reich gegen polnische Ansprüche.
Unter seiner Regentschaft kam das System der Reichskirche zur vollen Blüte. In der Einigung des Frankenreiches sah er seine politische Aufgabe. Heinrich II. stellte die Reichsherrschaft wieder her und wurde 1004 König von Italien. 1007 besetzte er das Bistum Meißen wieder und gründete das Bistum Bamberg als Ausgangspunkt der Slawenmission. Er ließ den Bamberger Dom bauen. Er unterstützte Klosterreformen, machte zusammen mit seiner Frau zahlreiche Schenkungen an Kirchen und Klöster. Papst Benedikt VIII. krönte Heinrich II. und Kunigunde am 14. Februar 1024 zum Kaiser und zur Kaiserin. Als Zeichen seiner Herrschaft über die ganze Welt überreichte er ihm dabei den Reichsapfel. Am 13. Juli desselben Jahres starb Heinrich II. in Grona bei Göttingen. Kunigunde, die Heinrich helfend und beratend zur Seite gestanden hatte, zog sich in das von ihr gegründete Kloster Kaufungen zurück, legte das Gelübde als Nonne ab und starb am 3. März 1033. Beide haben im Bamberger Dom ihre letzte Ruhestätte gefunden.

Hildegard – Gelehrte und Mystikerin (17. September)

Eine Frau, die ihr ganzes Leben, das achtzig Jahre währte, im Kloster verbracht hat. Und doch ist bei Hildegard keine Spur von Weltabgeschiedenheit, mit der Klosterleben fälschlicher Weise in Verbindung gebracht wird, zu entdecken. Im Gegenteil. Sie nimmt teil an den Fragen und Nöten ihrer Zeit, in tiefer Verbundenheit mit Gott. Spirituelle Erfahrungen und Visionen stehen bei ihr neben praktischen Tätigkeiten als Äbtissin und Erbauerin eines Klosters. Ein Multitalent: sie dichtet, komponiert, predigt, schreibt Bücher und Briefe, heilt, forscht, philosophiert, hat Visionen und – staunt. Sie staunt über die Natur, die Tiere, den Menschen, Gott. Ihr Staunen ist ein Schauen im Licht Gottes. Die Kraft zum Staunen erhielt sie durch die Lektüre der Bibel, die Feier der Liturgie, im Studium der Theologen aus den ersten Jahrhunderten der Kirche. In ihrer Gottverbundenheit entdeckte Hildegard: Gott ist in allen Dingen zu finden.

Hildegard wurde um 1098 in der Nähe von Bingen als Tochter des Edlen Hildebert von Bermersheim geboren, der sie mit acht Jahren zur Erziehung ins Kloster am Disibodenberg gab. Hier war sie Schülerin der seligen Jutta von Sponheim. Nach deren Tod übernahm Hildegard die Leitung des Klosters, verlegte es aber 1147/50 auf den Rupertsberg oberhalb von Bingen/Rhein. 1165 gründete sie als zweites Kloster Eibingen bei Rüdesheim auf der anderen Rheinseite. Hildegard predigte, reiste trotz Kränklichkeit viel, prangerte die Missstände in der Kirche an, rief zu Umkehr und Buße auf.

Sie stand in Briefkontakt mit Bischöfen, Königen und Fürsten, mit Barbarossa und sieben Päpsten.
Mehr als 300 Briefe sind von Hildegard überliefert. Bekannt geworden durch ihre Predigten, Schriften und Prophezeiungen, wurde sie von den Großen ihrer Zeit um Rat gefragt, aber auch vom einfachen Volk. Ihr Interesse galt den Naturwissenschaften und der Heilkunde; sie wird als Begründerin der Geschichte der Naturwissenschaft in Deutschland angesehen und gilt als größte Ärztin ihres Jahrhunderts. Daneben hatte sie eine große, ungewöhnliche dichterische Begabung, schrieb geistliche Lieder, die sie auch vertont hat. Schon als Kind empfing sie Visionen, die sich vermehrt in ihrem Alter zeigten. Ihre mystischen Erfahrungen ließ sie aufzeichnen. Ihre prophetischen und spekulativen Schriften sind die ersten Werke der deutschen Mystik. Hildegard starb 1179 auf dem Rupertsberg in ihrem Kloster.

Ignatius von Loyola – Die eigene Berufung finden (31. Juli)

Inigo von Loyola entstammte dem baskischen Adel. Da er nicht der älteste Sohn war, wurde er an den Hof geschickt, um dort Dienst zu tun. Dort hat er Verwaltungstechnik gelernt, seine schöne Handschrift dokumentiert die Qualität der Ausbildung. Änderungen der Politik des spanischen Hofes und Kämpfe im Grenzgebiet mit den Franzosen stellten seine bisherige Lebensplanung in Frage. Bei der Verteidigung von Pamplona gegen die Franzosen wurde er verwundet.

Auf dem Krankenbett machte Ignatius Erfahrungen, die eher unscheinbar waren. Als Lektüre hatte er die damaligen Comichefte, die Ritterromane, jedoch auch ein Buch über Heilige und eine Nacherzählung der vier Evangelien. Er stellte fest, dass die Ritterromane einen faden Nachgeschmack hinterließen, die beiden anderen Bücher jedoch nicht. Der junge Edelmann legte diese Erfahrungen nicht zur Seite, beschäftigte sich mit den Heiligen und sah, dass deren Ideal seine bisherigen Vorstellungen von Rittertum und Erfolg am Hofe überboten. Er brach von zu Hause auf, legte seine Ritterrüstung im Benediktinerkloster Montserrat ab und führte in der kleinen Stadt Manresa ein streng religiöses Leben; er fand einen Beichtvater, der ihm half, seine Skrupel zu überwinden. Er machte eine Wallfahrt ins Heilige Land, lernte Latein, studierte Theologie.

In Paris fand er Gleichgesinnte, mit denen er den Jesuitenorden gründete. Sein Vermächtnis an die Kirche sind seine geistlichen Übungen, Exercitia spiritualia, die unzähligen Menschen geholfen haben, ihre persönliche Berufung zu entdecken – so wie Ignatius tastend seinen Weg gegangen ist. Das Anfangsprinzip ist auch Kernelement der Exerzitien: Auf das eigene Innere zu hören. Ignatius nennt das „Bewegungen der Seele". Es geht um die Verfeinerung des Gespürs, indem Begebenheiten aus dem Leben Jesu und einige Bilder, die Ignatius selbst gefunden hat, meditiert werden. Insgesamt wird das innere Gespür und das Unterscheidungsvermögen an der Bibel entwickelt.

Der Jesuitenorden profitierte von der Schulung des Gründers am Hof des spanischen Vizekönigs – er gab dem Orden eine einfache Struktur und eine Satzung, die bis heute ihre Funktion erfüllt. Viele Ordensgründer haben sich an der Konzeption des Jesuitenordens orientiert. Ignatius starb am 31. Juli 1556 im Alter von 65 Jahren in Rom.

Johannes der Täufer – Prophet des Neuen (24. Juni)

Das Fest fällt auf den Tag der Sommersonnenwende. Wie sein Fest im Jahresablauf steht Johannes für eine Zeitenwende. Er erkennt denjenigen, der Neues bringen wird. Den Übergang in die neue, messianische Epoche begleitet er nicht mit großen Versprechungen, sondern mit seiner Bußpredigt und einem asketischen Leben am Rande der Wüste.
Die Bibel bringt Johannes den Täufer in verwandtschaftliche Beziehung zu Jesus. Die Mutter des Johannes ist die Kusine der Mutter Jesu (Lk 1,36). Johannes wird als Vorläufer Jesu dargestellt, der selbst Jünger hat (Mt 11,2–6), auf die die christlichen Missionare später sogar treffen (Apg 19,1–7). Jesus empfängt von Johannes die Bußtaufe (Mt 3,13–17).
Neues Licht auf die Gestalt des Johannes werfen die Funde von Qumran am Toten Meer. Hier wurden 1947 von einem Beduinenhirten in Tongefäßen aufbewahrte Schriften einer jüdischen Sekte, der Essener, gefunden, die sich vom offiziellen Judentum im 2. vorchristlichen Jahrhundert getrennt hatten. Die Schriften geben einen Einblick in das sehr strenge Leben der Gemeinschaft, deren Mitglied Johannes wahrscheinlich war. Sein asketischer Lebensstil sowie seine Bußpredigt entsprechen den Vorstellungen der Qumran-Gemeinde.

In der Urkirche genießt der Täufer eine große Hochachtung. Jesus sagt von ihm: „Ich sage euch, ihr habt sogar mehr gesehen als einen Propheten. Er ist der, von dem es in der Schrift heißt: Ich sende meinen Boten vor dir her, er soll den Weg für dich bahnen. Ich sage euch: Unter allen Menschen gibt es keinen größeren als Johannes“ (Lk 7,26–28).

Johannes gilt in der christlichen Tradition als letzter Vertreter des Alten Bundes, der auf den Messias und damit auf den Neuen Bund hinweist. Johannes starb als Märtyrer. Herodes ließ ihn hinrichten, weil Johannes ihm das Recht bestritten hatte, Herodias, die Frau seines Bruders, zu heiraten. Salome, die Tochter der Herodias, überredete diesen, Johannes enthaupten zu lassen (Mk 6,17–29).

Der 24. Juni steht in Zusammenhang mit dem Weihnachtstermin, da nach Lukas (1,36) Johannes sechs Monate vor Jesus geboren wurde. (Der 24. Juni sowie der 25. Dezember sind jeweils der 8. Tag vor dem folgenden Monatsersten.) Die Termine für das Weihnachtsfest wie auch für das des Täufers werden in Zusammenhang mit der Winter- bzw. Sommersonnenwende gesehen, die in der alten Kirche heilsgeschichtlich interpretiert wurden. Das Wort des Johannes, mit dem er sein Verhältnis zu Jesus beschreibt: „Ich muss abnehmen, er aber muss zunehmen“, wird direkt auf die Sonne bezogen: Bei der Sommersonnenwende beginnt die Sonne abzunehmen, bei der Wintersonnenwende beginnt sie zuzunehmen. Der Abstand der Feste von sechs Monaten findet sich bei Lukas.

Neben Maria ist Johannes der einzige Heilige, dessen Geburt gefeiert wird. Die anderen Heiligenfeste bezie-

hen sich jeweils auf den Todestag. Der Todestag des Heiligen wird am 29. August gefeiert.
Mit dem Fest des Täufers verbindet sich ein Brauchtum, das sich von der Sommersonnenwende und der Sommerzeit herleitet. Die Mitsommerfeuer, meist am Abend vor dem Johannistag, sollen die Luft reinigen und böse Geister durch Feuer verscheuchen, sie sollen der auf dem Höhepunkt stehenden Sonne Beistand leisten. Von den Höhen lässt man brennende Räder – sie stehen für das Sonnenrad – ins Tal rollen. Kommen sie unten an, verheißt das eine gute Ernte. Um das Feuer wird getanzt, man springt auch über das Feuer. Davon soll eine heilkräftige Wirkung ausgehen.
Das Johannisfeuer ist mit Liebe und Heirat verbunden; wer nicht zum Feuer kommt, wird niemals heiraten, Paare halten sich an den Händen und springen durchs Feuer. In das Feuer werden Kräuter geworfen, um so die Abwehrkraft des Feuers zu erhöhen. Im Feuer wird das Alte verbrannt. Die Asche bzw. die Kohle aus dem Johannisfeuer bewahren noch lange ihre heilbringende Kraft, sie werden in die Felder gelegt. Am Johannistag werden die Brunnen gereinigt und das Herdfeuer neu angelegt. Wenn eine Kirche ihm geweiht ist, dann deutet das meist auf eine Tauftradition hin.

Josef – Da sein und ermöglichen (19. März)

Josef steht für Verlässlichkeit und die Sorge um andere Menschen. Josef ist ein häufiger Vorname unter Katholiken. In Gegenden, wo der Namenstag gefeiert wird, hat der Tag seine Bedeutung in Familien und Bekanntenkreisen.

Nach den Berichten des Neuen Testamentes ist er der Bräutigam Marias. Er erfährt durch einen Engel, dass die Schwangerschaft Marias von Gott gewollt ist (Mt 1,18–25). Die Bibel berichtet weiter, dass Josef bei der Geburt zugegen war und mit dem Kind und seiner Mutter vor dem Zugriff des Herodes nach Ägypten geflohen ist (Mt 2,13–15) und dass er die Vaterrolle für Jesus eingenommen hat. Weil nach der Tradition Maria jungfräulich gelebt hat, wird Josef der „Bräutigam der Gottesmutter" genannt. Über seine Person wissen wir wenig, die Bibel zeichnet ihn als einen, der sich um die Familie sorgt, sie vor äußeren Widrigkeiten abschirmt und dem Zugriff des Herodes entzieht. Die christliche Tradition sieht Josef als treuen, selbstlosen Mann, der sich nicht in den Vordergrund drängt. Wahrscheinlich war er bereits gestorben, als Jesus begann, öffentlich zu predigen.

Die Verehrung des heiligen Josef entwickelt sich im Mittelalter. Der 19. März als Datum findet sich zuerst im 12. Jahrhundert. Der Franziskanerorden fördert die Verehrung des Heiligen, weil er in ihm franziskanische Tugenden verwirklicht sieht. 1870 erklärt Pius IX. Josef zum Schutzpatron der ganzen Kirche.

Josef ist, entsprechend seinem von der Bibel überlieferten Beruf, als Zimmermann der Patron der Zimmerleute und Holzfäller. Er gilt als Beschützer der Keuschheit. Der Festtag fällt in unseren Gegenden in das Frühjahr, die Zeit der Aussaat; das Vieh wird auf die Weide getrieben. Dadurch ist der Tag mit dem Arbeitsrhythmus der Bauern verbunden.

Peter und Paul – Bewahren und Aufbrechen (29. Juni)

Petrus steht als erster unter den Aposteln für das Amt. Er war Leiter der ersten christlichen Gemeinde in Jerusalem, wird dann in Antiochien als erster Bischof gezählt. In Rom erlitt er das Martyrium. Es wäre falsch, ihn als beharrendes Element in der jungen Kirche zu sehen. Sicher war er nicht so stürmisch wie Paulus, aber er hat das Neue erkannt. Im 10. Kapitel der Apostelgeschichte wird berichtet, wie er den römischen Hauptmann Cornelius, im Sinne der Juden ein Heide, tauft. In einer Vision erkennt er, dass die aus dem Heidentum Kommenden nicht den jüdischen Reinheitsgesetzen unterworfen werden müssen. Die Bibel schildert seine Berufung (Joh 5,1–11; Mk 1,16–20; Mt 4,18–22; Lk 5,1–11).

Jesus beauftragt ihn mit der Leitung der Kirche und gibt ihm dafür einen neuen Namen. Statt Simon wird er Petrus, der Fels, genannt (Mt 16,13–19; Joh 21,15–23). Petrus ist einer derjenigen, dem Jesus an den Ostertagen erscheint, er tritt als Vertreter der Jünger Jesu am Pfingsttag auf (Apg 2,14–36), wird mehrfach inhaftiert und verteidigt die christliche Lehre vor den jüdischen Behörden (Apg 4,1–22; 5,17–42; 12,1–19). Über den weiteren Lebensweg des Petrus berichtet das Neue Testament nicht mehr.

Paulus ist derjenige, der die christliche Botschaft über die jüdische Welt hinausgetragen hat. Über sein Leben wissen wir von allen frühen Predigern am meisten. Die Apostelgeschichte schildert seine Missionsmethoden, in den von ihm diktierten Briefen ist seine Predigt und

religiöse Unterweisung festgehalten. Paulus tastet sich an die Welt der nicht zum Judentum gehörenden Bewohner Kleinasiens und Griechenlands heran, indem er zuerst in der jüdischen Synagoge predigt und über einige, die seine Predigt aufnehmen, Kontakt gewinnt. So profitiert die christliche Mission von den Juden, die sich im ganzen Römischen Reich angesiedelt hatten.
In der Begegnung mit Nicht-Juden erkennt Paulus die universale Bedeutung der Person Jesu und ihres Erlösungswerkes. Gott will alle Menschen erlösen, „gerecht machen“ in der Terminologie dieses Missionars. Obwohl er von seinen jüdischen Glaubensbrüdern angefeindet wird, hat er eine tiefe Hoffnung Israels in die Welt getragen, dass nämlich alle Menschen durch den Messias den einen Gott erkennen und von der Vielgötterei lassen. Es war nicht zuletzt der strikte Monotheismus, der die antike Welt vom Christentum überzeugt hat.
Paulus erhielt wie Petrus diesen Namen erst als Zeichen seiner Erwählung. Paulus ist etymologisch nicht so aussagefähig wie „Petrus“, denn er heißt „der Kleine“. Paulus hieß bis zu seiner Bekehrung Saulus, war ein gesetzestreuer Jude aus Kleinasien, der auch das römische Bürgerrecht besaß. Er lebte in Jerusalem als Student der Gesetzeslehrer, beobachtete die Anfänge der jungen Kirche und war ihr entschiedenster Gegner, der die Christen mit den Mitteln des jüdischen Rechtes verfolgte. Auf dem Weg nach Damaskus, wo er im Auftrag der jüdischen Obrigkeit gegen die Christen vorgehen wollte, erfährt er eine Vision, die ihn zum Jünger Jesu bekehrt.
Paulus lebt einige Jahre in seiner Heimatstadt Tarsus, wird dort von Barnabas geholt und beginnt mit diesem das große Missionswerk, das ihn durch Kleinasien und

Griechenland führt. Sein Wirken wird bekannt; er zieht die Gegnerschaft der Juden auf sich und wird bei einem Besuch in Jerusalem inhaftiert. Als römischer Bürger kann er einen Prozess in Rom verlangen. Die römischen Behörden schieben ihn nach dort ab. Hier endet der Bericht der Apostelgeschichte. Möglicherweise ist Paulus wieder freigekommen und sogar in Spanien gewesen.

Der Tod der beiden Apostel wird im Neuen Testament nicht mehr berichtet. Eine sehr alte Tradition, die auch durch Inschriften in Katakomben bezeugt wird, sagt, dass beide in Rom unter Nero (54–68) eines gewaltsamen Todes gestorben sind. Obwohl es vor der Ankunft des Paulus schon Christen in Rom gab (Apg 28,13), gelten die beiden Apostel als die Fundamente der römischen Kirche. Hier deutet sich eine tiefer liegende Symbolik an, denn als Gründer Roms gelten auch zwei Männer, Romulus und Remus.

Der Todestag der Apostel ist nicht überliefert; es ist auch historisch nicht zu verifizieren, ob sie am gleichen Tag oder im gleichen Jahr getötet wurden. Petrus soll auf dem Vatikanhügel gekreuzigt, Paulus vor den Toren der Stadt enthauptet worden sein. Seit der Mitte des 3. Jahrhunderts wird der 29. Juni als ihr Todestag begangen. Wahrscheinlich sind die Gebeine der beiden Apostel an diesem Tag in der valerianischen Verfolgung in einer Katakombe an der Via Appia versteckt worden.

Martin – Mit den Armen teilen (11. November)

Seine Geste des Mantelteilens, die sich etwa um das Jahr 334 in Amiens zugetragen hat, ist bis heute bekannt und gilt als Symbol für christliche Nächstenliebe. Deshalb wird noch immer jedes Jahr in vielen Kirchengemeinden am 11. November – dem Begräbnistag des Heiligen – ein St.-Martins-Spiel mit anschließendem Martinsfeuer aufgeführt, in dem diese Tat der Barmherzigkeit des achtzehnjährigen Soldaten Martinus gegenüber einem kleiderlosen, frierenden Bettler nachgespielt wird. Dieses im Wortsinn anschauliche Beispiel soll zu ähnlichem Tun anregen: zum Teilen dessen, was wir (oft zu viel) haben. Das können auch heutzutage noch Kleider sein, die beispielsweise für Projekte in Entwicklungsländern oder für Menschen in ärmeren Regionen Osteuropas gespendet werden.

Weniger bekannt sein dürfte, dass Martin, dessen Name vom römischen Kriegsgott Mars abgeleitet ist und so viel wie „dem Mars, dem Krieg zugehörig“ bedeutet, noch kein getaufter Christ war, als er seinen Militärmantel mit dem Bettler teilte. In der Nacht darauf erschien ihm Christus im Traum, mit dem halben Mantel des Bettlers bekleidet, und sprach zu den ihn umgebenden Engeln: „Martinus, der noch nicht getauft worden ist, hat mir diesen Mantel um meine Schultern gelegt.“ Darin sah Martin den Anstoß, das Militär und somit den Dienst für den Kaiser zu verlassen, um sich stattdessen in den Dienst Gottes zu stellen. Da ihn ein befreundeter Hauptmann bat, ihm zuliebe noch zwei Jahre im Heer zu bleiben, bereitete sich Martin in dieser Zeit auf seine Taufe vor.

Sein Abschied von der Truppe gestaltete sich spektakulär. Martin verweigerte die Annahme einer Prämie aus der Hand des Kaisers, die dieser vor einer Schlacht gegen die in Gallien eingefallenen Germanen an jeden Soldaten persönlich übergab. Er wolle nicht mehr für den Kaiser kämpfen, sagte Martin. „Ich bin ein Soldat Christi." Der Kaiser vermutete Angst und nicht Glaubenstreue als Ursache für diese Antwort. Doch Martin bot ihm an, am nächsten Tag unbewaffnet und unversehrt durch die Reihen der Feinde zu gehen, „bewaffnet" nur mit dem Schutz Gottes. Die Germanen ergaben sich aber kampflos.

Nach seiner Kriegsdienstverweigerung ging Martin nach Poitiers, wurde Schüler des Bischofs Hilarius, ließ sich taufen und wurde Priester. Er kehrte in seine Heimat Pannonien (Ungarn) zurück, um seine Eltern zum Glauben zu bekehren und gegen die Irrlehre des Arianismus zu kämpfen. Zwar scheiterte er dort mit seinen Missionsversuchen, konnte jedoch seine Mutter für das Christentum gewinnen.

Um 360 kehrte Martin nach Poitiers zurück, gründete in Ligugé ein Kloster, in dem er zahlreiche Gleichgesinnte um sich versammelte. Als ein neuer Bischof für Tours gesucht wurde, wollten viele Menschen Martin in diesem Amt sehen. Doch er entzog sich diesem Ansinnen, so berichtet die Legende, durch Flucht in einen abgelegenen Gänsestall. Die Gänse aber verrieten ihn durch ihr Geschnatter.

Als Bischof blieb Martin dem mönchischen Leben treu, stiftete Klöster, führte Missionsreisen in ganz Frankreich durch. Er zerstörte nichtchristliche Kultstätten, darunter viele Baumheiligtümer, traf mit Kaisern zusammen und starb 81-jährig auf einer Missionsreise am 8. November 397 in Candes. Unter großer Anteilnahme der Bevölkerung wurde er drei Tage später in Tours beigesetzt. Die Franken, die auf der linken Rheinseite und in Nordfrankreich siedelten, wählten ihn zu

ihrem Schutzpatron. Martinskirchen finden sich daher in Gebieten früherer fränkischer Herrschaft.
An Martin ist zweierlei bemerkenswert: Er fand über Werke der Nächstenliebe – Hilfe für einen notleidenden Bettler – zum Christentum, und er musste sich entscheiden, ob er dem Ruf Gottes folgen soll, Bischof von Tours zu werden. Zunächst wollte er das nicht, wollte weiterhin als Mönch ein Leben der Meditation leben. Doch Gott hatte anderes mit ihm vor, sprach zu ihm durch den Wunsch der Menschen, die Martin zu ihrem Bischof haben wollten. Als Bischof war er ein Friedensvermittler.
Dass am Martinstag der Karneval beginnt, hat eine besondere Bewandtnis. In Gallien wurde, bevor Karl der Große den römischen Kalender im Frankenreich einführte, Weihnachten wie im Osten am 6. Januar gefeiert. Zählt man 40 Tage zurück, dann liegt der 11. November – wie die Karnevalstage vor der Fastenzeit – vor dem Beginn einer langen Adventszeit, die nach dieser Zählung nicht knapp vier, sondern sechs Wochen beträgt.

Maximilian Kolbe –
Die Diktatur besiegen (14. August)

Der polnische Franziskaner ist ein Medienmanager; es entwickelt sich unter seiner Leitung eine Pressestadt, Niepokalanów. Er ist Kurzwellenfunker, ein Mann, der der deutschen Besatzung gefährlich werden konnte. Er wird 1940 in das Konzentrationslager Oranienburg gebracht, freigelassen und 1941 wieder verhaftet und nach Auschwitz gebracht. Als ein Gefangener flieht, wählt die Lagerleitung Insassen aus, die für die Flucht der anderen „bü-

ßen“ müssen. Ein Familienvater, Franz Gajowniczek, ist darunter. Maximilian Kolbe meldet sich an seiner Stelle für den Hungerbunker und wählt damit den sicheren Tod. Es ist das Jahr 1941. Er betet und singt in dem Todesbunker, die anderen neun sterben, als er noch am Leben ist, wird er mit einer Giftspritze getötet. Der Familienvater überlebt das Lager und nimmt sogar 1982 an der Heiligsprechung seines Retters teil. Maximilian Kolbes Tat nötigt Respekt ab, sogar Bewunderung.
Woher nimmt ein Mensch die Kraft, sein Leben für andere zu opfern? Im Johannesevangelium sagt Jesus: „Eine größere Liebe hat niemand als der, der sein Leben hingibt für die Brüder.“ Mit seiner Entscheidung hat er der Vernichtung etwas entgegengestellt, was sich stärker erwiesen hat als der Tod, der die Grenze totalitärer Macht zeigt. Die deutschen Besatzer konnten den Franziskanermönch töten, aber mit seiner Gesinnung hat er die, die sich zu Herren über Leben und Tod aufspielten, innerlich überwunden und wurde damit zur Symbolfigur des polnischen Volkes in einer Zeit der Ohnmacht und Rechtlosigkeit.
Tragisch ist, dass die beiden Söhne des Familienvaters, an dessen Stelle Kolbe in den Hungerbunker gegangen ist, im Jahr 1942 getötet wurden. Die Frau des Mannes hat den Krieg überlebt.

Nikolaus von Myra – Der die Kinder stark macht (6. Dezember)

Nikolaus wurde sowohl für die östliche wie auch die westliche Kirche zu einem der beliebtesten Heiligen: Er befreit drei zu Unrecht verurteilte Offiziere, drei armen

Mädchen verhilft er durch eine Geldspende zur Heirat, er rettet ein Schiff aus Seenot. Nikolaus werden viele Kirchen geweiht, er wird zum Patron der Kinder, der Schüler, der Schiffer, der Gefangenen, der Bäcker, zum Patron von Städten (Fribourg in der Schweiz) und Ländern (Russland). Nach der Übertragung seiner Gebeine nach Bari 1087 breitet sich seine Verehrung im Westen aus.

Wie wurde er zum Patron der Kinder? Noch bevor er Bischof wurde, bewahrte er drei Töchter eines verarmten Kaufmanns vor der Tempelprostitution, indem er ihnen Goldkugeln nachts durchs Fenster warf, damit sie eine Aussteuer finanzieren konnten. Im Mittelalter wird er zum Patron der Schüler und Studenten, die oft weit von zu Hause eine Schule oder ein Kolleg besuchten. Allerdings wurde der Heilige auch als Fürsprecher für ungerecht Verurteilte angerufen. Das geht auf eine Legende zurück, die berichtet, dass Nikolaus dem Kaiser Konstantin im Traum erschienen sei und so das Leben drei ungerecht verurteilter Generäle rettete. In Saint Nicolas de Port in Lothringen hingen bis zur französischen Revolution viele Ketten ehemaliger Gefangener.

Patron der Schiffsleute wurde Nikolaus, weil eine Legende berichtet, dass er ein Schiff aus Seenot gerettet hat. Deshalb gibt es gerade in alten Hafenstädten Nikolauskirchen. Patron der Bäcker wurde er, weil er die Besatzung eines Getreideschiffes dazu brachte, die hungernde Stadt Myra zu versorgen. Das war ein Einsatz für soziale Gerechtigkeit, denn das Schiff war auf dem Weg von Ägypten, der damaligen Kornkammer, in die Hautstadt Konstantinopel.

Die Verehrung des Heiligen ist seit dem 6. Jahrhundert im Osten bekannt, über Süditalien breitet sich seine Ver-

ehrung auch im Westen aus. Kaufleute aus Bari hatten die Reliquien des Heiligen aus Myra, dem heutigen Demre, mitgenommen; Vorwand war, sie vor den Türken zu retten. Die Venezianer hatten sich mit dem gleichen Vorwand der Gebeine des heiligen Markus bemächtigt.
Der Nikolaustag ist reich an Brauchtum, das sich von den mittelalterlichen Schulen herleitet. Am Nikolaustag spielte ein Schüler die Rolle des Abtes oder Bischofs und nahm auch dessen Platz ein. Die Kinder erhalten vom Nikolaus Geschenke. Der Brauch wird hergeleitet von dem Gold, das Nikolaus den drei Töchtern eines armen Mannes schenkte. Erst Luther verlegte die Bescherung mit Geschenken vom Nikolaustag auf das Weihnachtsfest. In Holland ist der 6. Dezember Geschenktag geblieben. Der Auftritt des Nikolaus als Drohgestalt, die den Kindern ihre Fehler vorhält, ist eine Erfindung der Neuzeit. Der Heilige wurde pädagogisch „eingespannt", im Mittelalter verschaffte er Kindern noch Rechte gegenüber den Erwachsenen.
Mit der Gestalt des Nikolaus verbinden sich Bräuche der Ernte und der Winterzeit. In der Gestalt des Knechtes Ruprecht, des Hans Muff, Krampus oder vieler anderer Namen erhält der heilige Nikolaus eine Begleitung, die das Böse verkörpert, so dass der Heilige im Kontrast das Gute darstellt. Mit dem Nikolaustag sind auch Erntebräuche bzw. Fruchtbarkeitsvorstellungen verbunden. Der Korngeist muss nach Abschluss der Ernte besänftigt werden, das Stroh spielt im Nikolausbrauchtum eine Rolle. Weiter gibt es charakteristisches Gebäck und Obst. Die Ernte kann genossen werden, zugleich spielt das Gebäck auf das so genannte Kornwunder des Heiligen an.

Maria – Vollendung Israels und Beginn der Kirche

Von Maria, der Mutter Jesu, geht eine besondere Faszination aus. Keine andere Frau der Geschichte ist so oft von Künstlern gemalt worden. Viele Frauen tragen ihren Namen, sogar Männer haben „Maria“ als zweiten Vornamen. Es gibt schon in den Katakomben Marienbilder. Es war jedoch das Konzil von Ephesus im Jahr 431, das der Marienverehrung großen Auftrieb gab. Das Konzil stellte fest, dass Maria Jesus nicht nur in seiner Menschheit geboren hat, sondern als den menschgewordenen Gott. Damit wurde die Frage entschieden, ob Jesus nur eine Person ist oder ob es neben der göttlichen Person („Sohn des Vaters“) auch noch eine menschliche Person gibt.

Theologie inspiriert Verehrung

Jesus ist nur eine Person. Die menschliche Seele, als dynamische Kraft von den Griechen gesehen und das Lebensprinzip des Leibes, konstituiert in Jesus nicht eine zweite, menschliche Person. Mit dieser Entscheidung wird der abendländische Personbegriff grundgelegt. Denn nach den Griechen konstituierte die Seele den Menschen als Subjekt. Durch das Nachdenken über Jesus als wahren Menschen und Sohn Gottes erkannte man, dass auch der Mensch nicht einfach aus Leib und Seele zusammengesetzt ist, sondern hinter diesen Wesenheiten noch eine Einheit besteht, die den Kern des Menschen ausmacht. Was manchmal als Errungenschaft der Moderne hingestellt wird, dass der Mensch etwas Einmaliges, Unantastbares ist, dass er eine von keiner menschlichen Instanz bestreitbare Würde hat, das wurde von den Theologen der ersten Jahrhunderte im Nachdenken über Jesus schon gefunden.

Am Beginn der Marienverehrung steht also Theologie. So sehr die Marienverehrung mit dem Gefühl verbunden ist, so war das Gefühl, das morgen schon wieder verflogen sein könnte, nicht der Beginn. Das Konzil erklärt, dass Maria Gottesgebärerin ist, nicht, dass sie Gott geboren hat, sondern dass der Mensch Jesus zugleich Gott ist und dies nicht erst wird, z.B. bei der Taufe im Jordan. Im Verlauf der theologischen Diskussion findet man die Unterscheidung zwischen „Zeugen“ und „Gebären“. Das Konzil von Nicäa stellt mehr als 100 Jahre vor Ephesus fest, dass der Sohn aus dem Vater hervorgegangen ist, „gezeugt, nicht geschaffen“.

Das Lukasevangelium schildert die Vorgeschichte dieser besonderen Geburt: „Im sechsten Monat wurde der Engel Gabriel von Gott in eine Stadt in Galiläa namens Nazaret zu einer Jungfrau gesandt. Sie war mit einem Mann namens Josef verlobt, der aus dem Haus David stammte. Der Name der Jungfrau war Maria. Der Engel trat bei ihr ein und sagte: Sei gegrüßt, du Begnadete, der Herr ist mit dir. Sie erschrak über die Anrede und überlegte, was dieser Gruß zu bedeuten habe. Da sagte der Engel zu ihr: Fürchte dich nicht, Maria; denn du hast bei Gott Gnade gefunden. Du wirst ein Kind empfangen, einen Sohn wirst du gebären: dem sollst du den

Namen Jesus geben. Er wird groß sein und Sohn des Höchsten genannt werden. Gott, der Herr, wird ihm den Thron seines Vaters David geben. Er wird über das Haus Jakob in Ewigkeit herrschen, und seine Herrschaft wird kein Ende haben.
Maria sagte zu dem Engel: Wie soll das geschehen, da ich keinen Mann erkenne? Der Engel antwortete ihr: Der Heilige Geist wird über dich kommen, und die Kraft des Höchsten wird dich überschatten. Deshalb wird auch das Kind heilig und Sohn Gottes genannt werden. Auch Elisabet, deine Verwandte, hat noch in ihrem Alter einen Sohn empfangen; obwohl sie als unfruchtbar galt, ist sie jetzt schon im sechsten Monat. Denn für Gott ist nichts unmöglich" (Lk 1, 26–37).

Aussagen über Maria reflektieren Aussagen über Jesus

Wer Maria Gottesmutter nennt, sagt zugleich, dass Jesus der Sohn Gottes ist. Wer Maria Jungfrau nennt, sagt, dass Jesus nicht durch die Vereinigung von Mann und Frau, nicht aus dem Wollen des Mannes (Joh 1,13), sondern unmittelbar aus Gott geboren ist.
Wer sagt, dass Maria leiblich in den Himmel aufgenommen ist, sagt, dass Jesus der Erstgeborene der Toten ist und dass alle Menschen ein endgültiges leibliches Leben bei Gott haben werden.
Aussagen über Maria sind sozusagen Widerlager für die zentralen Aussagen des christlichen Glaubens. Sie ergänzen diese Aussagen nicht, spiegeln sie vielmehr und vertiefen sie dadurch.

Man kann also wenig über Maria direkt sagen. Fast alles, was über sie gesagt wird, steht im Zusammenhang mit ihrem Sohn. Man kann über sie kaum eine Biographie schreiben. Das heißt aber nicht, dass sie keine eigene Rolle gespielt hat. Mit ihrer Entscheidung, dem Engel zu antworten: „Ich bin die Magd des Herrn, mir geschehe nach deinem Wort" (Lk 1,38), steht sie am Beginn der Erlösung. Sie hat das Angebot Gottes nicht ausgeschlagen. Dieser Mensch wird in der christlichen Predigt wie in der Frömmigkeit besonders herausgehoben. Eine Predigt zum Abschluss des Konzils von Ephesus 431 zeigt, wie Maria schon damals gesehen wird. (Verfasser unbekannt, zitiert nach Laurentin: Kurzer Traktat der marianischen Theologie, Regensburg 1959, S. 77):

„Wir grüßen dich, Maria, Mutter Gottes,
ehrwürdiger Schatz, der der ganzen Welt gehört,
nie erlöschendes Licht,
nie zerstörter Tempel, der den umschließt,
welcher nicht umschlossen werden kann,
Mutter und Jungfrau ...
durch dich wird die Dreieinigkeit verherrlicht,
durch dich ist das Kreuz Gegenstand der Verehrung
in der ganzen Welt,
durch dich herrscht im Himmel Jubel,
deinetwegen freuen sich die Engel und Erzengel,
durch dich werden die Dämonen verjagt,
durch dich wird der Versucher, der Teufel,
aus dem Himmel vertrieben,
durch dich wird die gefallene Kreatur zum Himmel
erhoben,
durch dich ist die ganze Schöpfung, die das Opfer

des Wahnsinns der Götzenanbetung geworden war,
zu der Erkenntnis der Wahrheit gelangt,
durch dich erlangen die Gläubigen die Taufe
und das Öl der Freude,
durch dich wurden die Kirchen in der ganzen Welt
gegründet,
durch dich werden die Völker zur Bekehrung angeleitet."

Wie kommt es zu diesen großen Worten über eine einfache jüdische Frau? Maria ist die Erste, die auf die Erlösungstat Gottes eingeht. Ihr Ja gegenüber dem Engel ermöglicht, dass Gott so handeln kann, wie er gehandelt hat: Sein Sohn wird Mensch, um die verlorene Menschheit zu retten. Sie wirkt in besonderer Weise mit am Erlösungswerk, ohne dass sie die Erlösung bewirkt. Auch wenn das jüdische Volk im Sohn Marias den verheißenen Messias nicht erkennen kann, steht Maria stellvertretend für ihr Volk. In den Worten, mit denen der Engel Maria begrüßt, finden sich Anklänge an den Propheten Zefanja:

„Juble, Tochter Zion!
Jauchze, Israel!
Freu dich und frohlocke von ganzem Herzen,
Tochter Jerusalem!
…
Der König Israels, der Herr,
ist in deiner Mitte;
du hast kein Unheil mehr zu fürchten …
Der Herr, dein Gott, ist in deiner Mitte,
ein Held, der Rettung bringt …"
(Zef 3,14f.17)

Tochter Sion steht für Jerusalem und damit für das ganze Volk. Maria ist die Verkörperung Israels und zugleich die Bundeslade. „Heiliger Geist wird über dich kommen" (Lk 1,35) spielt auf den Schöpfungsbericht an, „die Erde aber war wüst und wirr, Finsternis lag über der Urflut und Gottes Geist schwebte über den Wassern" (Gen 1,2). Die Empfängnis Jesu ist eine neue Schöpfung. Wenn der Engel zu Maria sagt: „Die Kraft des Höchsten wird dich überschatten" (Lk 1,35), bezeichnet er Maria als Bundeslade, denn die Lade und später der Tempel wurden von einer Wolke überschattet, die die Gegenwart Gottes bedeutet (Ex 40,34–38; 1 Kön 8,10; Jes 6,4). Damit wird Maria zum Urbild der Kirche, die Erste, die durch ihren Glauben das Angebot Gottes angenommen hat, die personhaft darstellt, was Kirche ist.

Zur Marienfrömmigkeit gehört für viele Katholiken, dass sie sich an die Mutter wenden, damit sie etwas bei ihrem Sohn erbittet. Das Johannesevangelium berichtet von einer Bitte Marias an Jesus bei der Hochzeit von Kana: „Als der Wein ausging, sagte die Mutter Jesu zu ihm: Sie haben keinen Wein mehr. Jesus erwiderte ihr: Was willst du von mir, Frau? Meine Stunde ist noch nicht gekommen. Seine Mutter sagte zu den Dienern: Was er euch sagt, das tut!" (Joh 2,3–5).

Diese Szene ist Modell für die Rolle Marias, die für die Menschen bei ihrem Sohn bittet.

Dass Maria nicht nur Mutter des Gottessohnes ist, sondern als Mutter der Gläubigen verehrt wird, geht auch auf ein Wort Jesu zurück, das das gleiche Evangelium überliefert. Vor seinem Tod überantwortet Jesus seine Mutter dem Lieblingsjünger: „Bei dem Kreuz Jesu standen seine Mutter und die Schwester seiner Mutter,

Maria, die Frau des Klopas, und Maria von Magdala. Als Jesus seine Mutter sah und bei ihr den Jünger, den er liebte, sagte er zu seiner Mutter: Frau, siehe dein Sohn. Dann sagte er zu dem Jünger: Siehe, deine Mutter! Und von jener Stunde an nahm sie der Jünger zu sich" (Joh 19,25–27).

In dieser Szene wird die Einsetzung Marias als Mutter der Christen gesehen.

Noch vor Ende des zweiten Jahrhunderts entsteht das so genannte „Protoevangelium des Jakobus", das ausführlicher die Kindheit Marias schildert. Obwohl es von der Kirche nicht als kanonische Schrift anerkannt wurde, hat es für die Marienfrömmigkeit und die christliche Kunst Anschauungsmaterial bereitgestellt. Es kennt die Eltern Marias, Anna und Joachim, die bis ins hohe Alter kinderlos geblieben waren. Die Parallelisierung zu den Eltern Johannes des Täufers, Elisabet und Zacharias, geht so weit, dass auch Joachim levitischer Priester ist. Maria wird im Alter von drei Jahren in den Tempel gebracht, wo sie bis zum 12. Lebensjahr bleibt. Des Weiteren malt das Protoevangelium die Erzählungen des Lukasevangeliums aus. Weitere so genannte apokryphe Schriften (Berichte über das Leben Jesu, die von der Kirche nicht in die Sammlung des Neuen Testaments aufgenommen wurden) zeigen ein großes Interesse an der Person Marias.

Mariengebete aus der Bibel

Mariengebete gehen auf Verse des Lukasevangeliums zurück. Aus dem Gruß des Engels und der Begrüßung

Marias durch Elisabet hat sich das am meisten verbreitete Mariengebet entwickelt:

„Gegrüßet seist du, Maria, voll der Gnade,
der Herr ist mit dir.
Du bist gebenedeit unter den Frauen
und gebenedeit ist die Frucht deines Leibes, Jesus."

Der zweite Teil des Gebetes kam erst im 16. Jahrhundert hinzu:

„Heilige Maria, Mutter Gottes,
bitte für uns Sünder
jetzt und in der Stunde unseres Todes."

Das Lukasevangelium berichtet, dass Maria nach der Begegnung mit dem Engel aufbricht, um ihre Verwandte, die ebenfalls schwangere Elisabet, zu besuchen. Der Lobgesang wird im Stundengebet jeden Abend bei der Vesper gebetet. In der lateinischen Übersetzung beginnt das Gebet mit dem Wort „Magnifikat", wörtlich: „groß machen, preisen".

„Meine Seele preist die Größe des Herrn und mein Geist jubelt über Gott, meinen Retter.
Denn auf die Niedrigkeit seiner Magd hat er geschaut.
Siehe, von nun an preisen mich selig alle Geschlechter.
Denn der Mächtige hat Großes an mir getan, und sein Name ist heilig.
Er erbarmt sich von Geschlecht zu Geschlecht über alle, die ihn fürchten.
Er vollbringt mit seinem Arm machtvolle Taten:

Er zerstreut, die im Herzen voll Hochmut sind;
er stürzt die Mächtigen vom Thron und erhöht die Niedrigen.
Die Hungernden beschenkt er mit seinen Gaben und lässt die Reichen leer ausgehn.
Er nimmt sich seines Knechtes Israel an und denkt an sein Erbarmen,
das er unseren Vätern verheißen hat, Abraham und seinen Nachkommen auf ewig" (Lk 1,46–55).

Dieses Loblied lässt die Psalmen des Alten Testaments anklingen und zeigt, dass Maria erkannt hat, was das Kind in ihrem Schoß bedeutet – die Rettung ihres Volkes und die Erfüllung der Verheißungen der Propheten. In Maria kommen die besten Züge des Volkes Israel zur Vollendung. Dieses Volk hat auf Gottes Wirken in seiner Geschichte vertraut und hat in steigendem Maß den Messias erwartet. Maria ist offen für das Wirken Gottes, ihr Ja gegenüber der Botschaft des Engels vollendet die Erwartungshaltung Israels.
Das Jawort Marias gegenüber dem Engel kann als Mitwirkung an der Erlösung verstanden werden, aber nicht als Gabe, sondern als Antwort auf die Gabe Gottes. Alttestamentliche Stellen werden auf Maria bezogen. Gottes Wort wird in Maria wirksam:

„So hoch der Himmel über der Erde ist, so hoch erhaben sind meine Wege über eure Wege und meine Gedanken über eure Gedanken. Denn wie der Regen und der Schnee vom Himmel fällt und nicht dorthin zurückkehrt, sondern die Erde tränkt und sie zum Keimen und Sprossen bringt ..., so ist es auch mit dem

Wort, das meinen Mund verlässt: Es kehrt nicht leer zu mir zurück, sondern bewirkt, was es will, und erreicht all das, wozu ich es ausgesandt habe“ (Jes 55,9–11).
„Tauet, ihr Himmel, von oben, ihr Wolken, regnet herab den Gerechten. Tue dich auf, o Erde, und sprosse den Heiland hervor“ (nach Jes 45,8).

Indem Maria Gottes Angebot bejaht, bringt sie nicht nur die israelitische Messiaserwartung zu ihrem Abschluss, sie wird zugleich Urzelle der Kirche. Sie geht auf die Initiative Gottes ein und beginnt – von Seiten der Menschen – die mit Jesus neu beginnende Geschichte zwischen Gott und den Menschen. Sie ist Hörerin des Wortes, geht den Weg Jesu mit bis zum Kreuz und erfährt die Sendung des Geistes inmitten der Apostel am Pfingsttag. Sie ist Typus der Kirche in ihrem Glauben und der vollendeten Einheit mit Christus, in ihr verwirklicht sich Christsein auf überragende Weise, zugleich ist sie die auf einzigartige Weise Vollendete, Beginn der Kirche in der kommenden Weltzeit (so lehrt es das II. Vatikanische Konzil in „Lumen Gentium“, der Konstitution über die Kirche, Nr. 63, 65, 68).

Marienverehrung als Geschichte der Glaubensreflexion

Der Glaube stößt mit Notwendigkeit auf die Gestalt Marias. So wie der heilige Patrick für die Iren, der heilige Martin für die Franken, der heilige Bonifatius für die Deutschen hat Maria für die Identität der ganzen Kirche eine große Bedeutung. Das zeigt sich in der Geschichte der Marienverehrung. Auf diese Geschichte stoßen wir durch Gebete, die bis heute ihren Platz haben in Kirchen, die Maria geweiht sind, in künstlerischen Darstellungen, in Liedern und auf Wallfahrten. Nicht zuletzt entstehen einzelne Marienfeste im Zusammenhang mit der Marienverehrung ihrer Zeit. Diese Verehrung setzt Akzente und führt die theologische Reflexion über Maria, die wir schon in den Evangelien finden, weiter.

Um die Geburt des Sohnes aus dem Vater deutlicher herauszustellen, wird die Jungfrauengeburt betont: Jesus hat keinen irdischen Vater. Gegen die gnostische Vorstellung, der Mensch Jesus sei nur Schein, wird die Mutterschaft Mariens betont. Im 3. Jahrhundert bildet sich der Titel Gottesmutter heraus. Maria wird bereits von Justin (Mitte des 2. Jahrhunderts) und Irenäus (um 200) als die neue Eva bezeichnet, in Anlehnung an Aussagen des Apostels Paulus, der Adam und Christus als Antitypen einander gegenüberstellt.

Aus dem Interesse an der Person Mariens entstehen seit dem frühen 5. Jahrhundert Gebete und Hymnen, die sich an Maria richten. Seit dem 5. Jahrhundert werden ihr Kirchen geweiht, und sie wird in der religiösen Kunst dargestellt. Diese Entwicklung, für deren Anfänge es nur wenige greifbare Dokumente gibt, hat wohl mehrere Motive:

Durch den Arianismus war die Gottheit Jesu in Frage gestellt. In der Gegenbewegung gegen den Arianismus tritt der Mensch Jesus hinter dem Sohn Gottes, dem göttlichen Erlöser und Weltenherrn, zurück. Die Märtyrer, vor allem Maria, werden zunehmend als Mittlergestalten gesehen.

Das Konzil von Ephesus benennt Maria mit dem Titel „Gottesmutter", um auszusagen, dass sie nicht nur den Menschen Jesus geboren hat, sondern dass dieser Mensch von Anfang an Gottes Sohn war. Im Anschluss an das Konzil ist eine rasche Entwicklung der Marienverehrung zu beobachten.
Die Entwicklung eines neuen christlichen Ideals nach der Märtyrerzeit, das Mönchtum und die in den christlichen Gemeinden lebenden Jungfrauen fördern eine ethische Sicht der Gestalt Marias. Sie wird als Idealfigur für Jungfräulichkeit gesehen, die ein unmittelbares Gottesverhältnis ohne Bruch verwirklicht hat.

Ein Zeichen, dass Maria eine eigenständige Rolle erhält, sind Darstellungen der Kunst. Wohl zum ersten Mal wird Maria in der Kirche Santa Maria Maggiore in Rom in der Apsis dargestellt. Anstelle des Christusbildes kann das Bild der Mutter mit dem Kind auf dem Schoß treten. Das ist eine Folge des Konzils von Ephesus. Maria Maggiore wurde von Papst Sixtus II. (432–40) gestiftet.
Im 5. Jahrhundert gibt es im Bereich der Ostkirche einen Gedächtnistag Marias, im 6. Jahrhundert bilden sich einzelne Feste heraus, die sich auf Ereignisse des Marienlebens beziehen: Verkündigung, Heimgang, Geburt, Begegnung des Herrn (mit Simeon und Hanna, Lichtmess). Im 7. Jahrhundert werden die Feste in Rom übernommen. Während sich also im Osten die Marienverehrung, die sich in der Kunst, in Gebeten und der Ausbildung von Festen niederschlägt, schnell entwickelt, wird sie im Westen nur schrittweise übernommen. Orientalische Mönche, der aus Syrien stammen-

de Papst Sergius, Verbindungen der Karolinger und Ottonen zum byzantinischen Kaiserhaus sind die Wege, auf denen die Marienverehrung des Ostens im Abendland Eingang findet.
Neben die Verehrung der jungfräulichen Gottesmutter und der vorbildlichen Heiligen finden sich schon früh weitere Züge, die die Marienverehrung stark geprägt haben. Maria als Fürsprecherin, die bei ihrem Sohn Fürbitte einlegt, die Schutz gewährt, an die sich jeder Mensch, sei er auch der größte Sünder, wenden kann. Vom Ende des 3. bzw. Anfang des 4. Jahrhunderts stammt aus dem Osten ein Gebet, das heute noch in erweiterter Form gebetet wird:

„Unter deinen Schutz und Schirm fliehen wir, heilige Gottesmutter. Verschmähe nicht unser Gebet in unseren Nöten, sondern errette uns jederzeit aus allen Gefahren, o du glorreiche Fürsprecherin, führe uns zu deinem Sohne, empfiehl uns deinem Sohne, stelle uns vor deinen Sohn."

Aus verschiedenen Predigten des 4. Jahrhunderts geht hervor, dass Maria um Schutz und Hilfe angerufen wurde, dass sie sogar Heilungen bewirken könne. Maria wird über die Mittlerfunktion hinaus eine aktive Rolle im Erlösungsgeschehen zugesprochen.
Im 5. Jahrhundert bereits wird Maria „Mittlerin" genannt. Germanus, Patriarch von Konstantinopel (gest. 733), sagt: „... kein Mensch wird von der Erkenntnis Gottes erfüllt außer durch dich, Allheilige; kein Mensch wird gerettet außer durch dich, Gottesgebärerin; kein Mensch wird aus Gefahren befreit außer durch dich,

Jungfrau und Mutter; kein Mensch wird erlöst außer durch dich, Mutter Gottes."

Im 17. Jahrhundert wird man sogar sagen, Jesus habe Maria die Aufgabe der Erlösung übertragen. Seit dem Mittelalter ist die Vorstellung verbreitet, Maria stehe in Gegensatz zu ihrem Sohne: Jesus als der Weltenrichter verurteile die Menschen nach den Grundsätzen der Gerechtigkeit, Barmherzigkeit erhalte der Mensch nur durch die Fürsprache Marias, die allein ihren Sohn umzustimmen vermöge.

Die Gestalt Marias wird – wie die Gestalt Jesu – ins Kosmische ausgeweitet. Das drückt sich in der Vorstellung aus, dass sie als ganzer Mensch mit Leib und Seele bei Gott ist. Diese Vorstellung lässt sich bis ins 5. Jahrhundert zurückverfolgen. Die Verbindung der Heilsereignisse sowie der christlichen Feste mit den astronomischen Vorstellungen der damaligen Zeit bedeutete eine religiöse Inkulturation. Der Gang der Gestirne hatte religiöse Bedeutung, besonders der Planet Venus als Morgen- und Abendstern. Der Name Maria wird nicht ganz zu Unrecht als Meeres-Stern gedeutet (Mare = Meer), denn auch im Hebräischen bedeutet -jam, der zweite Teil des Namens Mir-jam, „Meer", der erste Teil „Tropfen".

„Da erschien ein großes Zeichen am Himmel: eine Frau, mit der Sonne bekleidet; der Mond war unter ihren Füßen und ein Kranz von 12 Sternen auf ihrem Haupt. Sie war schwanger und schrie vor Schmerz in ihren Geburtswehen" (Offb 12,1–2).

Dieser Text aus dem letzten Buch des Neuen Testaments meint die Kirche und wird seit dem 5. Jahrhundert auch auf Maria gedeutet. Maria tritt in gewisser Weise in Vorstellungsformen ein, die in Religionen gebildet wurden, auf die die christlichen Missionare stießen. Dass die Menschheit verloren ist, sich selbst nicht retten kann und ohne Hilfe aus dem Himmel untergehen wird, ist nicht nur eine Vorstellung aus dem jüdisch-christlichen Raum. Die Menschheit wird als junge Frau vorgestellt, die durch einen himmlischen Retter befreit wird. Deshalb rührt die Gestalt Marias die tiefsten Ängste und Hoffnungen der Menschen an. Ihre Erhöhung in den Himmel zeigt die Rettung der Menschen. Dieses Motiv wird im Barock zum Gegenstand vieler Altarbilder und Deckengemälde. Maria ist Königin des Himmels und mit Macht ausgestattet, so dass sie den Menschen auf der Erde Schutz gewähren kann.

So sind bereits früh die Züge ausgebildet, die die Marienverehrung prägen, selbst der Überschwang der Sprache, der Maria mit vielerlei Titeln belegt. Bleiben die Grundzüge auch erhalten, so wechselt doch die emotionale Farbe. Stärker als das Bild Christi ist das seiner Mutter durch die jeweilige Epoche bestimmt.

Im 4. und 5. Jahrhundert steht die Abgrenzung vom Heidentum im Vordergrund. Maria wird den heidnischen Gottheiten entgegengesetzt. Im Mittelalter prägen die vom Rittertum entwickelten Vorstellungen der Minne das emotionale Klima.

Im 12. Jahrhundert gibt es im Westen einen ersten Höhepunkt der Marienverehrung. In diesem Jahrhundert kommen Reformbewegungen zum Tragen (Cluny, die Zisterzienser). Das auflebende religiöse Leben führt auch zu einer Intensivierung der Marienverehrung, die die Themen der altkirchlichen Theologie und Frömmigkeit aufgreift, jedoch neue Ausdrucksweisen in der Kunst findet und den Gedanken der Minne auf Maria überträgt, die sich in den Worten „Unsere Liebe Frau", „Notre Dame" niederschlagen. Ma-Donna heißt „Meine Herrin". Wahrscheinlich schon aus dem 11. Jahrhundert stammt das „Salve Regina":

„Sei gegrüßt, o Königin, Mutter der Barmherzigkeit; unser Leben, unsere Wonne und unsere Hoffnung, sei gegrüßt. Zu dir rufen wir, verbannte Kinder Evas; zu dir seufzen wir trauernd und weinend in diesem Tal der Tränen. Wohlan denn, unsere Fürsprecherin, wende deine barmherzigen Augen uns zu und nach diesem Elend zeige uns Jesus, die gebenedeite Frucht deines Leibes, o gütige, o milde, o süße Jungfrau Maria."

Die Anfänge des am meisten verbreiteten Mariengebetes, das „Gegrüßet seist du, Maria", auch „Ave" genannt, das den Gruß des Engels sowie Worte aufnimmt, mit denen Elisabet Maria gegrüßt hat (Lk 1,28.42), fallen in diese Zeit. Im 10. Jahrhundert wird ein eigenes Marienofficium entwickelt, das dem Officium, dem Chorgebet der Ordensleute und Stifte, nachgebildet ist. Es besteht aus Psalmen und Hymnen sowie dem „Gegrüßet seist du …", wurde den Laien als Gebet empfohlen und wird auch den Klerikern für den Samstag vorgeschrieben.

Einen großen Einfluss auf die Vorstellungen über Maria haben Erzählungen über das Marienleben, die an das Protoevangelium des Jakobus anknüpfen, sowie Ma-

rienlegenden. Diese führen Heilungen und Rettungen auf das Gebet zu Maria zurück.
Im späten Mittelalter hat die Heiligen- und damit auch die Marienverehrung eine Vielfalt von Formen ausgebildet, die die zentralen Glaubenswahrheiten und Frömmigkeitsformen überwuchern. Die Reformation sucht das Christentum in seiner ursprünglichen Gestalt zurückzugewinnen und verwirft die Heiligen- und damit auch die Marienverehrung. Im Barock kommt es zu einem neuen Aufblühen der Marienfrömmigkeit. Vorausgegangen war eine Pflege der Marienverehrung zur Zeit der Gegenreformation, besonders des Rosenkranzgebetes in eigenen Rosenkranzbruderschaften.
Im Barock, vor allem in Frankreich, erhält die Marienverehrung Züge der Überschwenglichkeit. Maria wird als Partnerin Gottes im Erlösungswerk gesehen; eine totale Hingabe an Maria, die sogar als Sklavenschaft formuliert wird, gilt als Ausdruck tiefer Frömmigkeit. Mit dieser Frömmigkeitsrichtung ist eine Betonung der Innerlichkeit, der gefühlsbetonten Meditation des Lebens Jesu, seiner Passion, der Gefühle Jesu und seiner Mutter verbunden, die eine Verehrung des Herzens Jesu und des Herzens Mariä ausbilden. Diese Frömmigkeitsformen werden durch die Aufklärung unterbrochen, die an die Stelle des Gefühls Rationalität setzt.
Mit dem Beginn des 19. Jahrhunderts erhält das religiöse Leben neue Impulse. Der Missionsgedanke wird zuerst von Laien wiederbelebt und es kommt zu Ordensgründungen sowohl für Mission als auch für Krankenpflege und Unterricht. Auch die Marienverehrung belebt sich neu, man spricht sogar von einer „Marianischen Bewegung“. Die Intensität der Marienverehrung

in dieser Epoche weist auf eine große Diskrepanz zwischen einer rationalen, begrifflich orientierten Theologie und einer gefühlsbetonten Frömmigkeit hin. Diese Ausprägung der Marienverehrung knüpft mentalitätsmäßig an das 17. Jahrhundert an und endet mit dem II. Vatikanischen Konzil.
Charakteristisch für die Marienfrömmigkeit dieser Jahrzehnte sind die Orientierung an Erscheinungen Marias (La Salette 1846, Lourdes 1858, Fatima 1917), das Rosenkranzgebet, die Maiandacht, die Förderung der Marienverehrung durch die Päpste. Ähnlich wie im 17. Jahrhundert zeigt die Marienverehrung Züge der Überschwenglichkeit. Man kann sich nicht genug tun, die Einzigartigkeit Marias herauszustellen, ihr eine aktive Rolle im Erlösungsgeschehen einzuräumen, sie sogar als Mit-Erlöserin zu bezeichnen. Zwei kirchliche Lehrentscheidungen fallen in diese Zeit. 1854 wird die Unbefleckte Empfängnis Marias von Pius IX. und 1950 die leibliche Aufnahme Marias in den Himmel von Pius XII. definiert. Dass das II. Vatikanische Konzil zu einem Mentalitätswandel in der katholischen Kirche geführt hat, zeigt sich auch an der Marienfrömmigkeit. Auf dem Konzil hat sich die liturgische Bewegung durchgesetzt. Während es früher üblich war, dass die Katholiken während der Messe den Rosenkranz beteten, sich am Vollzug der Messe also nur am Rande beteiligten, steht nach dem Konzil die Messe selbst im Mittelpunkt des Gemeinde- wie auch des Gebetslebens. Die Beschäftigung mit der Bibel nimmt mehr Raum ein, die Formen der Marienverehrung, Maiandacht und Rosenkranzgebet, werden kaum noch gepflegt. Damit ändert sich auch der Blick auf die Person Marias. Sie wird als Urtypus der Kirche,

weniger als der Kirche gegenüberstehend gesehen. Man denkt nicht mehr darüber nach, inwieweit Maria am Erlösungsgeschehen beteiligt ist, die Menschen die Gnaden der Erlösung aus der Hand Marias erhalten, ihre Barmherzigkeit mit der Gerechtigkeit Christi kontrastiert. In Maria wird vielmehr der Anfang der Kirche gesehen. Sie hat die Initiative Gottes beantwortet, sie hat als Erste getan, was die Gläubigen tun: Gottes Angebot annehmen, sich der Zuwendung Gottes öffnen.
In den letzten Jahren sind neue Impulse der Marienverehrung zu beobachten. Das ist insofern von Bedeutung, als Katholiken, die die Marienverehrung gepflegt haben, wieder stärker in das kirchliche Leben integriert werden. Denn weithin galt Marienverehrung in den letzten Jahren als Merkmal konservativer Haltung, die den Wandel des Konzils nicht mitvollzogen hat, obwohl das Konzil wichtige theologische Aussagen über Maria aufgegriffen und für das kirchliche Leben festgehalten hat. Auch in den evangelischen Kirchen beschäftigen sich Theologen mit der Gestalt Marias.

Aussagen über Maria als Thema einzelner Marienfeste

Aussagen über Maria sind auch theologische Aussagen über die Person Jesu:

- Sie hat Jesus als Jungfrau empfangen und geboren, das untermauert die Aussage: Jesus ist der Sohn Gottes.
- Sie ist Gottesgebärerin und Mutter Gottes.
- Sie ist unbefleckt von der Erbsünde empfangen.
- Sie ist mit Leib und Seele in den Himmel aufgenommen.

Diese Aussagen sind nicht aus sich verständlich, sondern korrespondieren mit den jeweiligen theologischen Fragestellungen einer Epoche und ihrer Beantwortung. Bis ins 5. Jahrhundert stand die Frage nach der Person Jesu im Mittelpunkt des theologischen Interesses. Dem entsprechen die Aussagen über die jungfräuliche Geburt und Gottesmutterschaft. Schon bei Matthäus und Lukas weist die Geburt Jesu aus der Jungfrau darauf hin, dass dieses Kind keinen Menschen, sondern Gott zum Vater hat.
Diese Aussagerichtung wird immer dann betont, wenn die Gottessohnschaft Jesu verteidigt wird. Die Prediger und Theologen sprachen bald von einer dauernden Jungfrauschaft Marias, davon, dass sie jungfräulich gelebt hat und dass diese Jungfräulichkeit auch durch die Geburt eines Kindes nicht in Frage gestellt ist.
Der Titel „Gottesmutter" (Theotokos) entstand im 4. Jahrhundert in der alexandrinischen Theologie. Das Konzil von Ephesus 431 bestätigt diesen Titel und sagt damit, dass Jesus von Anfang an Gottes Sohn war und dass in ihm nicht zwei Personen sind, eine menschliche und eine göttliche, sondern dass der eine zugleich Gott und Mensch ist.
Mit Augustinus (gestorben 430) kommt eine neue Fragerichtung in die Theologie, die noch in der Reformation im Mittelpunkt stand und wohl erst durch das Aufkommen des Atheismus und die sich daraus ergebenden Problemstellungen abgelöst wurde. Es geht um die Erlösung des Menschen oder, in der Terminologie Luthers, um die Rechtfertigung. Die Existenz Gottes, die Person Jesu, dass er wahrer Gott und wahrer Mensch ist, werden vorausgesetzt. Die Frage, die die Menschen tief

bewegt, war, wie der Mensch an sein Ziel kommt. Eine Antwort gibt die Person Marias. Sie ist im Glauben der Kirche der Mensch, der an sein Ziel gekommen ist. Ihr Leben war nicht durch die Sünde bedroht.

Schon früh, seit dem 5. Jahrhundert, ist die Vorstellung greifbar, Maria sei auch mit ihrem Leib bereits zu Gott heimgegangen. Im Osten spricht man vom Entschlafen Marias, im Westen von der leiblichen Aufnahme Marias in den Himmel. Das Fest „Mariä Himmelfahrt" wird im Osten seit dem 5., im Westen seit dem 6. Jahrhundert gefeiert. Pius XII. hat 1950, nachdem er alle Bischöfe befragt hatte, die leibliche Aufnahme Marias in den Himmel zur ausdrücklichen Lehre der Kirche erklärt.

Auch über den Ursprung des Lebens Marias macht die Kirche eine Aussage, die Maria heraushebt. Der Satz „Maria ist unbefleckt empfangen" ist nur im Kontext der von Augustinus formulierten Erbsündenlehre zu verstehen. Sie besagt, dass Jesus nicht nur den Menschen von individueller Schuld und persönlichem Versagen erlöst, sondern ihn aus dem Schuldzusammenhang befreit hat, in den die Menschen seit der Sünde der Stammeltern verstrickt sind. Die Erbsünde beeinflusst den Einzelnen von innen her, verführt ihn zu persönlichem Schuldig-Werden. Entsprechend der manichäischen Grundströmung im Christentum, die die Sündigkeit dem Leib und nicht dem ganzen Menschen zuschreibt, wird die Erbsündlichkeit als „Begierlichkeit" erlebt, die sich besonders in der Sexualität zeigt. Nach der Vorstellung des Augustinus wird sie durch den Geschlechtsakt übertragen.

Dass Maria von der Erbsünde befreit ist, war unter den Theologen nie kontrovers. Der Gruß des Engels „Sei gegrüßt, du Begnadete, der Herr ist mit dir“ (Lk 1,28) besagte Befreiung von aller Schuld. Umstritten war nur, wann Maria die Befreiung von der Erbsünde erhielt. Die augustinische Vorstellung von der Übertragung der Erbsünde hatte zur Konsequenz, dass Maria auch mit diesem Makel behaftet war, da sie nicht jungfräulich geboren wurde. Im Mittelalter war es unter Theologen strittig, ob Maria von dem Augenblick der Empfängnis an von der Erbsünde befreit war oder erst durch den Gruß des Engels. In den späteren Jahrhunderten setzt sich erstere Auffassung durch, wird aber erst 1854 von Pius IX. nach einer Befragung aller Bischöfe definiert: „Von Gott ist es offenbart und von allen Gläubigen fest und standhaft zu glauben, dass die seligste Jungfrau Maria im ersten Augenblick ihrer Empfängnis durch ein einzigartiges Gnadenprivileg des allmächtigen Gottes im Hinblick auf die Verdienste Christi, des Erlösers des menschlichen Geschlechts, von jedem Makel der Erbschuld im Voraus bewahrt worden und davon frei gewesen ist.“

Die Vorstellung von der Erbsünde als einem Schuldzusammenhang, in den alle Menschen hineingeboren werden, wird heute nicht mehr als „Begierlichkeit“ gesehen, sondern gesellschaftlich interpretiert. Die Umwelt induziert Bosheit, Hass, Egoismus; ihren negativen Einflüssen kann sich kein Mensch entziehen.

Die Aussagen über Maria als „Gottesgebärerin“, „unbefleckt Empfangene“, als „mit Leib und Seele in den Himmel Aufgenommene“ beziehen sich auf die Person. Waren die Aussagen über Maria anfänglich theologische Maßnahmen zur Absicherung von Glaubenssätzen, verselbständigten sie sich schon früh. Damit tritt Maria in den Vordergrund, bis im 17. und 19. Jahrhundert der Eindruck entstehen kann, Maria konkurriere mit Jesus, übernehme Funktionen im Werk der Erlösung, die eigentlich Jesus Christus zustehen.

Eine Rückbindung der Aussagen über Maria in die Gesamtheit der Glaubensaussagen nimmt das II. Vatikanische Konzil vor. Zugleich wird ihr gegenüber der Kirche eine Mutterrolle zugebilligt. Paul VI. führt, nicht zuletzt um die Impulse der marianischen Frömmigkeit aufzugreifen, die das Konzil in die Lehre von der Kirche eingebunden hatte, den Titel „Maria, Mutter der Kirche" ein (Ansprache vom 7. Oktober 1964). Das letzte Konzil bestätigt die Marienverehrung, gibt dazu Richtlinien und mahnt, „dass die Marienverehrung nicht in unfruchtbarem und vorübergehendem Gefühl, noch in irgendwelcher Leichtgläubigkeit besteht, sondern aus dem wahren Glauben hervorgeht, durch den wir zur Anerkennung der Erhabenheit der Gottesmutter geführt und zur kindlichen Liebe zu unserer Mutter und zur Nachahmung ihrer Tugenden angetrieben werden" (Nr. 67 der Konstitution über die Kirche).

Nachahmung der Heiligen, die Anrufung ihres Schutzes (Nr. 66) sowie die Verehrung ihrer Person werden, entsprechend der allgemeinen Zielrichtung des Konzils, in die Feier des Kirchenjahres eingebunden. Dadurch wird die Heiligenverehrung in den Gottesdienst hineingenommen. Im Zentrum eines Heiligenfestes steht jedoch nicht die Verehrung des Heiligen, sondern die Eucharistiefeier, in der die Christen durch den Sohn im Heiligen Geist zum Vater beten.

Unterschied zwischen katholischer und reformatorischer Sicht

Vieles von dem, was sich in der Frömmigkeitsgeschichte entwickelt hat und in kirchlichen Lehrdokumenten formuliert wurde, steht der Grundintention der Reformation entgegen. Die evangelischen Christen finden nur schwer oder gar nicht Zugang zur Marienfrömmigkeit. Die geschichtliche Wurzel dafür liegt in der Reformationszeit. Die Reformatoren, vor allem Calvin, lehnten die übersteigerten Formen der Marienverehrung ihrer Zeit ab. Zugleich führten die veränderten theologischen Akzentsetzungen der Reformatoren zu einer anderen Deutung der Gestalt Marias. Wenn Luther sagt, dass der Christ zugleich gerecht und sündig ist (simul iustus et peccator), dann gilt das auch für Maria. Dann ist sie nicht mehr die herausragend Erlöste, an der kein Makel ist, sondern sie ist sündig wie alle anderen. Ein weiterer Grund für die unterschiedliche Sicht Marias ist die Vorstellung, wie der Mensch am Erlösungsgeschehen beteiligt ist. Maria wird deshalb so herausgehoben, weil sie als Erste erlöst ist und damit für alle anderen Menschen eine Art Schlüsselrolle hat. Ihr Ja ist notwendig gewesen, damit der Erlöser in diese Welt eintreten konnte. Damit wurde ihr schon in den ersten christlichen Jahrhunderten eine herausgehobene Rolle zugewiesen. Sie hat an der Erlösung mitgewirkt, nicht aktiv, aber indem sie ihr ausdrückliches Ja gesagt und ihren Sohn auf seinem Weg bis zum Kreuz begleitet hat. Damit kommt die menschliche Freiheit ins Spiel. Die Reformatoren geben der menschlichen Freiheit im Erlösungsgeschehen keine so wichtige Rolle. Der Mensch wird von der Gnade überwältigt. Freiheit sehen sie mehr im Blick auf die Kirche und die menschliche Obrigkeit. Gegenüber allen menschlichen Autoritäten ist der Mensch durch die Erlösung frei geworden. Im Zusammenwirken von Gott und Geschöpf bleibt der Aspekt der Freiheit jedoch weitgehend unberücksichtigt. Damit wird Maria zu einer Erlösten wie alle anderen Gläubigen.

Entstehung und Thematik der Marienfeste

In den östlichen Kirchen gab es zuerst ein allgemeines Marienfest, das dem Gedächtnistag der Märtyrer entsprach. Aus dem 5. Jahrhundert sind verschiedene Tage als Gedenktage Marias bekannt, so in Konstantinopel der 26. Dezember, in Jerusalem der 15. August, anderswo der Sonntag vor Weihnachten, in Antiochien und in Gallien der 18. Januar. Im 6. Jahrhundert kommt es zur Ausbildung von vier Marienfesten, die sich auf einzelne Ereignisse des Lebens Marias beziehen:

- Verkündigung der Geburt Christi (25. März)
- Heimgang Marias (15. August)
- Geburt Marias (8. September)
- Begegnung des Tempels mit seinem Herrn oder Mariä Lichtmess, heute „Darstellung des Herrn“ (2. Februar)

Vom Osten her finden diese Feste Eingang in die westliche Kirche.

Im 8. Jahrhundert entstehen im Osten zwei weitere Marienfeste:

- Mariä Darstellung, Opferung (21. November)
  Dieses Fest bezieht sich auf das so genannte Protoevangelium des Jakobus, nach dem die dreijährige Maria von ihren Eltern dem Tempeldienst geweiht wurde.
- Empfängnis Marias (8. Dezember)
  Das Fest der Empfängnis Marias wurde ursprünglich im Osten „Empfängnis der hl. Anna" genannt. Es wurde seit dem 8. Jahrhundert gefeiert. Es war allerdings kein Hauptfest, sondern erst seit dem 15. Jahrhundert in der lateinischen Kirche.

Neben diesen alten Marienfesten entstanden eine Vielzahl von weiteren Festen und Gedenktagen, deren Feier anfangs oft auf einzelne Orden und Diözesen beschränkt blieb. Im Folgenden werden die Marienfeste des jetzt gültigen Heiligenkalenders mit jeweils kurzen Hinweisen zum Ursprung und zur Aussage des Festes aufgelistet. Allein dieser Überblick zeigt schon, wie viele Impulse und Strömungen die Marienverehrung geprägt haben.

Hochfest der Gottesmutter Maria (1. Januar)

Das Fest entstand im 7. Jahrhundert in Rom als Oktavtag (8. Tag) von Weihnachten und war marianisch geprägt. Es wurde später als „Fest der Beschneidung des Herren" gefeiert. Bei dem jüdischen Ritus der Beschneidung erhielt das Kind seinen Namen und wurde in die Glaubensgemeinschaft aufgenommen. Mit der Neuordnung des Kirchenjahres wurde die ursprüngliche marianische „Widmung" dieses Festes wiederhergestellt.

Das Fest stellt die Gottesmutterschaft in den Mittelpunkt; dies ist eine Ausfaltung des Geheimnisses der Menschwerdung Gottes. Der 1. Januar ist zugleich der Weltfriedenstag.

Darstellung des Herrn/Mariä Lichtmess (2. Februar)

Das Fest wurde in Jerusalem schon Anfang des 4. Jahrhunderts gefeiert, es gehört zu den alten Marienfesten. Der Inhalt des Festes ist durch den Bericht des Lukasevangeliums vorgegeben (Lk 2,22–40). Die Eltern bringen das Kind in den Tempel, für die Mutter wird das vorgeschriebene Reinigungsopfer dargebracht, Simeon und Hanna weissagen über das Kind und die Mutter.
Der Osten akzentuierte es als „Fest der Begegnung des Herrn“. Jesus begegnet den Vertretern des Gottesvolkes, die die Messiaserwartung weitergetragen haben. Der Westen akzentuiert das Fest als Marienfest: „Reinigung Marias”. Seit der Liturgiereform wird der 2. Februar als Christusfest gefeiert: „Fest der Darstellung des Herrn“, mit dem die Weihnachtszeit abschließt.

Gedenktag Unserer Lieben Frau von Lourdes (11. Februar)

In der Zeit vom 11. Februar 1858 an hatte Bernadette Soubirous in einer Felsengrotte bei Lourdes Marienerscheinungen. Der Gedenktag wurde 1907 von Pius X. für die ganze Kirche eingeführt.
Die Visionen der Bernadette Soubirous haben für die Frömmigkeitsgeschichte eine große Bedeutung. Lourdes ist einer der größten Wallfahrtsorte. Maria wurde von Bernadette Soubirous als die „Unbefleckt Empfangene“ gesehen. 1854 war die Aussage über die unbefleckte Empfängnis als Lehrsatz der Kirche feierlich

definiert worden. Der religiöse Impuls, den Bernadette vermittelte, bezog sich auf Gebet und Buße. Die Erscheinungen Marias, die einer unbedeutenden jungen Frau widerfuhren, geschahen am Rand des französischen Reiches, dessen Denken von den Naturwissenschaften beherrscht war. Dieses schien Religion überflüssig zu machen. Lourdes wurde zu einer Art Gegenpol und ist bis heute Versammlungsort der französischen Bischöfe.

Verkündigung des Herrn (25. März)

Im Osten wird das Fest bereits seit der Mitte des 5. Jahrhunderts gefeiert. Sein Datum bestimmt sich in Bezug auf das Weihnachtsfest am 25. Dezember.
Im Osten wurde das Fest „Verkündigung der Gottesgebärerin" genannt. In der westlichen Kirche hieß das Fest „Mariä Verkündigung". Die Liturgiereform hat den alten römischen Titel „Verkündigung des Herrn" wieder aufgegriffen. Der Inhalt des Festes ist durch das Evangelium vom Besuch des Engels Gabriel bei der Jungfrau Maria in Nazaret vorgegeben (Lk 1,26–38). Das Fest steht in Bezug zu Weihnachten, seine Aussage ist, dass Jesus durch die Einwirkung des Geistes empfangen wurde, dass Gott der Vater dieses Kindes ist und dass das Kind im Heilsplan Gottes eine große Rolle spielen wird.

Unbeflecktes Herz Mariä (3. Samstag nach Pfingsten)

Das Fest wurde 1944 eingeführt und am 22. August gefeiert. Die Liturgiereform legte es auf den Samstag nach dem Herz-Jesu-Fest.
Die Verehrung des Herzens Marias ist im Zusammenhang mit der Herz-Jesu-Verehrung entstanden. In dem

Fest werden auch die Impulse der Marienverehrung aufgegriffen, die sich von dem portugiesischen Ort Fatima herleiten. Pius XII. hatte 1942, nicht zuletzt aus der Weltkriegssituation heraus, die ganze Menschheit dem „Unbefleckten Herzen Marias" geweiht.

Mariä Heimsuchung (2. Juli)

Das Fest ist im Westen aus der mittelalterlichen Marienfrömmigkeit heraus entstanden. 1263 hat es der Franziskanerorden eingeführt. 1389 wurde es auf die ganze abendländische Kirche ausgedehnt.
Der Inhalt des Festes ist der Bericht über den Besuch Marias bei Elisabet (Lk 1,39–56). Das Datum liegt daher in der Nähe des Festes von Johannes dem Täufer am 24. Juni. Der Besuch Marias, wenige Tage nach der Ankündigung der Geburt Jesu durch den Engel, wird im Evangelienbericht als Begegnung zwischen dem Messias und dem letzten Propheten des Alten Bundes dargestellt. Elisabet sagt zu Maria: „In dem Augenblick, als ich deinen Gruß hörte, hüpfte das Kind vor Freude in meinem Leib" (Lk 1,44).

Unsere Liebe Frau auf dem Berge Karmel (16. Juli)

Dieser Gedenktag geht auf den Karmeliterorden zurück, der die Marienverehrung besonders gepflegt hat. Der Orden leitet sich von Eremiten auf dem Berg Karmel in Palästina her. Diese Eremiten flüchteten im 13. Jahrhundert vor den Sarazenen nach Europa. Ein besonderes Merkmal des Ordens ist das Skapulier, dessen Träger damit eine besondere Marienverehrung ausdrücken. Der 16. Juli heißt deshalb auch „Skapulierfest". Das Skapulier, ein Teil des Ordenskleides, gilt als Aus-

druck der Marienverehrung. Der Gedenktag selbst geht auf das 14. Jahrhundert zurück und wurde 1726 auf die ganze Kirche ausgedehnt.
Der Gedenktag bringt die Gestalt Marias mit der kontemplativen Ausrichtung des Karmeliterordens in Zusammenhang. Maria selbst wird in der Bibel als ein kontemplativer Mensch dargestellt: „Maria aber bewahrte alles, was geschehen war, in ihrem Herzen und dachte darüber nach" (Lk 2,19.51).

Weihe der Basilika Santa Maria Maggiore (5. August)

Diese Basilika gilt als die bedeutendste Marienkirche des Abendlandes, sie liegt in Rom auf dem Esquilin, wurde von Papst Liberius (352–366) erbaut und 435 nach dem Konzil von Ephesus (431) Maria geweiht. Der Gedenktag wird auch „Maria Schnee" genannt, weil nach der Legende Maria durch einen Schneefall im August den Platz für die Kirche angezeigt habe.
Der Gedenktag steht im Zusammenhang mit dem Konzil von Ephesus, das den Titel „Gottesmutter" für Maria bestätigte. Im Anschluss an das Konzil entfaltete sich die Marienverehrung, die sich auch in der Kunst und im Bau von Maria geweihten Kirchen niederschlug.

Mariä Aufnahme in den Himmel (15. August)

Der Todestag eines Heiligen war von jeher auch dessen Gedenktag. Im Osten wurde das Fest schon im 5. Jahrhundert gefeiert und war bald staatlicher Feiertag im byzantinischen Reich. Der 15. August war der Marienfeiertag der Jerusalemer Kirche.
Der Glaube, dass Maria als ganzer Mensch die Endgültigkeit der Erlösung erlangt hat, dass ein Glied der Kir-

che bereits das Leben lebt, zu dem alle berufen sind, ist bereits im 5. Jahrhundert bezeugt. Maria ist wie Jesus gestorben, aber sie konnte nicht im Grab bleiben. Alttestamentliche Berichte, nach denen Henoch (Gen 5,24) und Elias (2 Kön 2,11–14) in den Himmel aufgenommen wurden, stützen diesen Glauben. Im Unterschied zu anderen Heiligen wird Maria kein Grab zugeschrieben.

Maria Königin (22. August)

Das Fest ist jungen Datums, es wurde 1954 von Pius XII. zum Abschluss der Hundertjahrfeier der Verkündigung des Dogmas von der Unbefleckten Empfängnis eingeführt. Der Gedenktag lag bis zur Liturgiereform auf dem 31. Mai als Abschluss des Marienmonats. Jetzt ist er auf den Abschluss der Festzeit (Oktav) der Aufnahme Mariens in den Himmel gelegt.
Neben vielen Titeln, die in der Marienverehrung Maria zugesprochen wurden, ist der der Königin mit ihrer Aufnahme in den Himmel verbunden. Sie ist damit als Königin eingesetzt.

Mariä Geburt (8. September)

Das Datum leitet sich vom Kirchweihtag einer Jerusalemer Kirche her, die der heiligen Anna, der Mutter Marias, geweiht war. Der Platz, auf dem die Kirche steht, gilt in einigen Traditionen als Ort der Geburt Marias.

Mariä Namen (12. September)

Das Fest wurde 1683 als Dank für den Sieg über die Türken eingeführt, der auch auf das Gebet zu Maria zurückgeführt wurde.

In dem Gedenktag drückt sich das Vertrauen in die „Schutzmacht“ Maria aus, die auch als „immerwährende Hilfe“ angerufen und als „Schutzmantel-Madonna“ dargestellt wird. Marienstatuen auf öffentlichen Plätzen in Österreich und Süddeutschland können auch als „Siegessäulen“ verstanden werden.

Gedächtnis der Schmerzen Marias (15. September)

Das Fest hat seine Wurzeln im Mittelalter, in der Verehrung der „Sieben Schmerzen Marias“, eines dem Kreuzweg verwandten Gebetes. Der Gedenktag wurde zuerst in Deutschland eingeführt und vom Servitenorden gepflegt und von Pius VII. 1814 als Dank für die Rückkehr aus der Gefangenschaft unter Napoleon für die ganze Kirche eingeführt. Seit 1913 ist der Gedenktag auf den Tag nach dem Fest „Kreuzerhöhung“ gelegt. Nach dem Bericht des Evangelisten Lukas sagt Simeon, als die Eltern Jesus in den Tempel bringen (s. 2. Februar, „Darstellung des Herrn“), zu Maria: „Dir selbst aber wird ein Schwert durch die Seele dringen“ (Lk 2,35). Diese Weissagung sehen die Christen durch den Schmerz Marias, die unter dem Kreuz ausharrt, als bestätigt an (Joh 19,25). In der Meditation der Schmerzen Marias sah der mittelalterliche Mensch seine eigenen Leiden gespiegelt. Aus dem Leben Marias wurden folgende Begebenheiten als schmerzhaft empfunden:

- Weissagung des Simeon (Lk 2,34–35)
- Flucht nach Ägypten (Mt 2,13–15)
- Suche nach dem zwölfjährigen Jesus, den die Eltern im Tempel finden (Lk 2,45–52)
- Der Weg nach Golgota

- Die Kreuzigung Jesu
- Die Abnahme Jesu vom Kreuz
- Die Grablegung Jesu

Das Bild der Mutter, die ihren toten Sohn auf den Knien hält (Pieta), ist das Gegenbild zur Mutter mit dem kleinen Kind auf den Armen. Maria steht am Anfang wie auch am Ende des Lebens ihres Sohnes.

Unsere Liebe Frau vom Rosenkranz (7. Oktober)

Das Fest wurde 1572 von Pius V. zur Erinnerung an den Sieg über die Türken am 7. Oktober bei Lepanto 1571 eingeführt und nach dem Sieg über die Türken bei Peterwardein (Ungarn) 1716 auf die ganze Kirche ausgedehnt. Der Sieg wird dem Rosenkranzgebet zugesprochen.
Das Fest bezieht sich auf den Rosenkranz, Maria wird als Königin des Rosenkranzes angesprochen. Das Fest hat daher seinen Platz im Rosenkranzmonat.

Gedenktag Unserer Lieben Frau in Jerusalem (21. November)

Das Fest ist ursprünglich das Kirchweihfest einer alten Jerusalemer Marienkirche. Es bezieht seinen Inhalt aus dem Protoevangelium des Jakobus, nach dem die Eltern ihre dreijährige Tochter dem Dienst im Tempel geweiht haben. Das Fest heißt daher auch „Mariä Opferung". Heute steht man den Legenden des Protoevangeliums kritisch gegenüber. Das Fest kann Jerusalem und den Tempel auch in unmittelbarer Beziehung zu Maria sehen: Maria als Tochter Sion (Sion = Jerusalem), als Tempel Gottes.

Hochfest der ohne Erbsünde empfangenen Jungfrau und Gottesmutter Maria (8. Dezember)

Das ältere Fest der Geburt Marias am 8. September führte zum Datum des 8. Dezember.
Das Fest wurde seit dem 8. Jahrhundert im Osten gefeiert, setzte sich aber nicht als Hauptfest durch. In der lateinischen Kirche breitete es sich seit dem 11. Jahrhundert von England her aus, setzte sich aber erst dann durch, als im 14. Jahrhundert die Lehre von der Unbefleckten Empfängnis geklärt war.
Das Fest stellt die Gestalt Marias in den Mittelpunkt als den Typ des erlösten Menschen. Alles, was über die Außerordentlichkeit Marias, ihre Begnadung und ihre Rolle in der Heilsgeschichte gesagt werden kann, ist in diesem Fest konzentriert. In der lateinischen Kirche ist es zum herausragenden Marienfest geworden.

Formen und Brauchtum der Marienverehrung

Engel des Herrn

Das Gebet wird morgens, mittags und abends zum Glockenläuten gesprochen, daher auch die Bezeichnung Angelus-Läuten. Das Gebet hat folgenden Aufbau:
„Der Engel des Herrn brachte Maria die Botschaft, und sie empfing vom Heiligen Geist.
Gegrüßet seist du, Maria …
Maria sprach: Siehe, ich bin die Magd des Herrn, mir geschehe nach deinem Wort.
Gegrüßet …

Und das Wort ist Fleisch geworden und hat unter uns gewohnt.
Gegrüßet …
Bitte für uns, heilige Gottesmutter, dass wir würdig werden der Verheißung Christi.
Allmächtiger Gott, gieße deine Gnade in unsere Herzen ein. Durch die Botschaft des Engels haben wir die Menschwerdung Christi, deines Sohnes, erkannt. Lass uns durch sein Leiden und Kreuz zur Herrlichkeit der Auferstehung gelangen. Darum bitten wir durch Christus, unseren Herrn. Amen."

Das Gebet geht auf Papst Johannes XXII. (1316–34 Papst in Avignon) zurück, der anordnete, dass zum Abendläuten drei „Gegrüßet seist du Maria" gebetet werden sollten. Zu dem Abendläuten kam das „Betläuten" am Morgen und das Mittagsläuten. Die heutige Form des Gebetes stammt aus dem 16. Jahrhundert. In der Osterzeit wird der Gebetstext abgewandelt:

„Freu dich, du Himmelskönigin, Halleluja! Den du zu tragen würdig warst. Halleluja, er ist auferstanden, wie er gesagt …"

Rosenkranz

Das am weitesten verbreitete Volksgebet in der katholischen Kirche ist der Rosenkranz. Es verbindet mit dem Mariengebet die Meditation der wichtigsten Ereignisse des Lebens Jesu.
Eine Einheit des Rosenkranzes sind jeweils 10 „Gegrüßet seist du, Maria …", die in der Weise mit einem

Heilsereignis verbunden werden, dass an den Namen Jesus ein Relativsatz angefügt wird:

„Gegrüßet seist du, Maria, voll der Gnade,
der Herr ist mit dir.
Du bist gebenedeit unter den Frauen
und gebenedeit ist die Frucht deines Leibes, Jesus,
– der (für uns Blut geschwitzt hat).
Heilige Maria, Mutter Gottes, bitte für uns Sünder,
jetzt und in der Stunde unseres Todes. Amen."

Durch die Zweiteilung des „Gegrüßet seist du, Maria" kann der Rosenkranz im Wechsel gebetet werden. Der Einschub erinnert an ein Ereignis, und zwar jeweils zehnmal hintereinander. Diese Ereignisse werden „Geheimnisse" oder auch „Gesätze" genannt und zu Fünfergruppen zusammengestellt.

Die freudenreichen Geheimnisse

Jesus, den du, o Jungfrau, vom Heiligen Geist empfangen hast
…, den du, o Jungfrau, zu Elisabet getragen hast
…, den du, o Jungfrau, (in Betlehem) geboren hast
…, den du, o Jungfrau, im Tempel aufgeopfert hast
…, den du, o Jungfrau, im Tempel wiedergefunden hast.

Die schmerzhaften Geheimnisse

Jesus, der für uns Blut geschwitzt hat
…, der für uns gegeißelt worden ist
…, der für uns mit Dornen gekrönt worden ist
…, der für uns das schwere Kreuz getragen hat
…, der für uns gekreuzigt worden ist.

Die glorreichen Geheimnisse

Jesus, der von den Toten auferstanden ist
…, der in den Himmel aufgefahren ist
…, der uns den Heiligen Geist gesandt hat
…, der dich, o Jungfrau, in den Himmel aufgenommen hat
…, der dich, o Jungfrau, im Himmel gekrönt hat.

Im Oktober 2002 hat Papst Johannes Paul II. den Rosenkranz um fünf „lichtreiche Geheimnisse“ erweitert, die Ereignisse aus dem Leben Jesu meditieren:

Jesus, der von Johannes getauft worden ist
…, der sich bei der Hochzeit in Kana offenbart hat
…, der uns das Reich Gottes verkündet hat
…, der auf dem Berg verklärt worden ist
…, der uns die Eucharistie geschenkt hat.

Ein „Rosenkranz“ besteht aus jeweils fünf „Geheimnissen“. Jedes Geheimnis wird mit einem „Vaterunser“ eingeleitet, der Rosenkranz insgesamt durch das „Glaubensbekenntnis“, ein „Vaterunser“ und drei „Gegrüßet seist du, Maria“ mit den Bitten um Glaube, Hoffnung und Liebe.

Der Rosenkranz kann sowohl in Gruppen als auch allein, in der Kirche, in der Wohnung und auf Wallfahrten gebetet werden. Der Rosenkranz ist ein meditatives Gebet, das die wichtigen Aussagen des Christentums umfasst und diese entlang des Lebensweges Jesu betrachtet. Von vielen Betern wird der Rosenkranz in der Intention des Bittgebetes gebetet. Man verbindet mit dem Gebet ein bestimmtes Anliegen und hofft auf die

„Fürsprache Marias". Historisch wird der Sieg über die Türken bei Lepanto am 7. Oktober 1571 dem Gebet der Rosenkranzbruderschaften zugeschrieben. Das Rosenkranzgebet als Reaktion auf Bedrohungen und Katastrophen ist auch heute immer wieder zu beobachten.
Seine heutige Form erhielt das Rosenkranzgebet im 15. Jahrhundert. Mehrere Gebetstraditionen haben diese Form ausgebildet. Das wiederholende Beten mit Steinen oder einer Zählschnur war bereits bei den Eremiten der alten Kirche in Brauch. Im Mittelalter noch betete man das „Vaterunser" mit solchen Schnüren, daher auch der Name „Paternoster-Schnur". Seit dem 12. Jahrhundert verbreitete sich das „Gegrüßet seist du, Maria". Es war zuerst als Gruß an Maria gedacht. Der zweite Teil, das Bittgebet, kam erst später hinzu und veränderte das Gebet, so dass es heute eher als Bittgebet verstanden wird. Der Name Rosenkranz deutet noch auf den ursprünglichen Charakter des Gebetes hin. Der Dame Maria (Notre Dame), Unserer Lieben Frau, wird eine Gabe dargeboten. Blumenkränze, aber auch Minnegedichte nannte man „Rosarium". Das Gebet wurde also zuerst als Minnedienst für Maria verstanden. Das wiederholende Gebet wurde als Volksgebet im Mittelalter propagiert.
Die Zahl von 150 „Gegrüßet ..." leitet sich von den 150 Psalmen her, die die Kleriker beteten. Das Beten von 150 „Vaterunser" oder „Gegrüßet seist du ..." wurde der Laienpsalter genannt. Im 14. Jahrhundert entwickelte der Kartäuser Heinrich von Kalkar das Gebet weiter. Jeweils zehn „Gegrüßet ..." wurde ein „Vaterunser" vorangestellt. Der Kartäuser Adolf von Essen hat dann die Meditation des Lebens Jesu mit dem Gebet

verbunden. Verbreitet wurde das Rosenkranzgebet durch verschiedene Orden, vor allem durch die Dominikaner, die seit dem 15. Jahrhundert Rosenkranzbruderschaften gründeten, deren Mitglieder sich zu diesem Gebet, aber auch zu gegenseitiger Hilfe verpflichteten.

Lauretanische Litanei

Die Litanei ist eine Gebetsform, in der ein Vorbeter Anrufungen und Bitten vorbetet, an die sich ein Ruf der Gemeinde anschließt, z.B. „Erbarme dich unser", „Bitte für uns" oder andere. Diese Gebetsform kommt aus dem Osten. Neben der Allerheiligenlitanei ist die Lauretanische Litanei die bekannteste. Der Name kommt von Loretto, einem Marienwallfahrtsort, wo sie seit 1531 nachzuweisen ist. Sie geht auf die östliche Marienfrömmigkeit zurück, in der Maria Ehrentitel beigelegt werden, z.B. Mutter des guten Rates, Sitz der Weisheit, Bundeslade Gottes, Zuflucht der Sünder, Königin der Patriarchen.

Die Litanei wird meist in so genannten Andachten, vor allem in den Maiandachten, gebetet.

Maiandacht

Gebetsstunden am Abend des Monats Mai verbreiteten sich im 18. Jahrhundert von Italien aus. Die Form dieser Andachten unterliegt nicht besonderen Regelungen.

Zeiten, die mit Maria in Verbindung gebracht werden

Monat Mai

Der Mai wird als Marienmonat bezeichnet. Diese Zuordnung einer schönen Jahreszeit zur Mutter Jesu wird heute als Ausdruck für die Schönheit, die Begnadung Marias empfunden. Marienaltäre und Marienstatuen werden mit Blumen geschmückt, man betet an Marienkapellen und Marienbildern (Marienstöcke), die an den Feldern stehen. Die Marienverehrung im Mai ist im Mittelalter aus der Ummünzung von Maifeiern auf die Mutter Jesu entstanden.

Monat Oktober

Das tägliche Gebet des Rosenkranzes in den Kirchen während des Monats Oktober wurde durch Papst Leo XIII. 1883 vorgeschrieben. In den letzten Jahren ist diese Andacht zurückgegangen. Der Monat Oktober wurde im Zusammenhang mit dem Rosenkranzfest am 7. Oktober gewählt.

Samstag

Im Westen wurde der Samstag Maria geweiht. Die Texte der veränderlichen Teile der Messe beziehen sich auf Maria (seit dem 8. Jahrhundert finden sich solche Votivmessen).
Am Samstagabend wird eine eigene Andacht, die „Salve-Andacht“, gebetet, deren Name sich von dem „Salve Regina-Gebet“, Sei gegrüßt, o Königin, herleitet.

Frauendreißiger

Eine Art Erntedankzeit zwischen dem 15. August (Mariä Himmelfahrt) und dem 15. September, in der Früchte und Kräuter gesammelt und geweiht wurden.

Riten und Zeichen

Skapulier (Scapulare = Schulterkleid) ist ein Tuchstreifen, der über Brust und Rücken bis zu den Füßen herabfällt. Das Skapulier hat sich ursprünglich aus einer Arbeitsschürze entwickelt und wurde zum Ausdruck einer bestimmten religiösen Grundhaltung. Skapuliere tragen verschiedene Orden, so die Karmeliten. Ein kleineres Skapulier für Laien wurde durch den Brauch, Medaillen zu tragen, weitgehend abgelöst. Durch den Karmeliterorden wurde das Skapulier zu einem Zeichen für die Weihe an Maria. Ausgangspunkt ist eine Vision des Simon Stock am 16.7.1251 in Cambridge, in der das Tragen des Skapuliers in der Todesstunde empfohlen wurde.

Medaillen

Ausdruck der Marienfrömmigkeit ist das Tragen von Medaillen und kleinen Bildern, die oft von Wallfahrtsorten mitgenommen werden. Besondere Verbreitung erhielt die „Wundertätige Medaille", die offiziell „Medaille von der Unbefleckten Empfängnis" genannt wird. Auf sie ist das Bild Marias, die auf der Erdkugel die Schlange zertritt (Motiv nach Gen 3,15), eingeprägt. Folgendes Gebet ist meist zu finden: „O Maria, ohne Sünde empfangen, bitte für uns, die wir zu dir unsere

Zuflucht nehmen." Diese Medaille geht auf eine Vision der Catherine Labouré im Jahr 1830 zurück und war neben Lourdes wichtiges Element der im 19. Jahrhundert wiederbelebten Marienverehrung.

Blaue Farbe

In neuerer Zeit wird ein helles Blau Maria zugeordnet, es findet sich auf vielen Marienbildern und -statuen der letzten 150 Jahre und soll das „Unbefleckte Herz" Marias symbolisieren.

Wallfahrten

Das Christentum kennt eine Vielzahl von Wallfahrten zu verschiedenen Orten mit verschiedenen Inhalten. In den letzten Jahrhunderten sind Wallfahrten fast ausschließlich zu solchen Orten üblich, von denen Marienerscheinungen berichtet werden oder wo „wundertätige" Bilder, Gnadenbilder, verehrt werden.

Kräuterweihe (15. August)

Seit dem 10. Jahrhundert ist die Weihe von Kräutern im Anschluss an den Gottesdienst des Festes „Mariä Himmelfahrt" ein Brauch. Die Kräuter werden zusammengebunden. Nach Gegenden verschieden muss der Bund bestimmte Kräuter enthalten. Die geweihten Kräuter sollen Krankheiten heilen, werden bei Gewitter im Ofen verbrannt, in Viehfutter und Saatgut gemengt und auf Scheunen gesteckt. Durch die Kräuterweihe, einen Erntebrauch, wurden vorchristliche Riten verdrängt.

Neben Gebeten und Gedichten ist das „Marienleben" eine besondere literarische Form. Es entwickelte sich aus den apokryphen Evangelien, die im Mittelalter eine Nachdichtung erfuhren. Das früheste deutsche Marienleben wurde von Roswitha von Gandersheim geschrieben (10. Jahrhundert).

In der bildenden Kunst ist wohl kaum eine religiöse Gestalt häufiger dargestellt worden als Maria. Schon in den Katakomben finden sich Darstellungen der Mutter Jesu. Mit dem Konzil von Ephesus (431) breitet sich das Bild Marias aus, es kann sogar anstelle des Bildes Christi in der Apsis des Chores treten. Neben der Darstellung der Mutter mit dem Kind werden auch die in der Bibel erzählten Ereignisse gemalt. Verkündigung des Engels, Besuch bei Elisabet, Geburt, Huldigung der Magier. Während das Marienbild der Ostkirche von bestimmten Vorstellungen geprägt ist, die sich oft an bestimmten Bildern, z.B. des Blachernaeklosters in Byzanz, orientieren, spiegelt die abendländische Kunst stärker das Frauenbild der jeweiligen Epoche und der jeweiligen Volksschicht.

Es wurden auch bestimmte Bildtypen entwickelt, die jeweils eine Aussage über Maria machen, z.B. Maria als die neue Eva, Maria als Kirche, Maria, umgeben von einem Strahlenkranz auf der Mondsichel (das apokalyptische Weib, Offb 2,1f.), Schutzmantelmadonna, die eine symbolische Aussage über Maria wiedergeben (die Bundeslade, rosa mystica – Maria im Rosenhag, der elfenbeinerne Turm u.a.), die einer Andachtsform entsprechen, Vesperbild/Pieta (Betrachtung der Schmerzen Marias), Rosenkranzbilder.

Marienklagen

Marienklagen, die das Leiden Marias über den Tod ihres Sohnes ausgestalten, entstanden im Mittelalter und finden sich in den Passionsspielen.

Marienlegenden

Marienlegenden erzählen von Menschen, denen Maria aus einer Not geholfen hat, die eine besondere Hilfe erfuhren. Viele der Legenden sind mit Wallfahrtsorten verbunden.

Maria als Schutzpatronin

Maria wird als Schutzpatronin von Ländern (Polen, Ungarn, Bayern), von Städten, Kirchen, Hospitälern verehrt. Quellen, die nach Maria benannt sind, wird oft heilkräftige Wirkung zugeschrieben.

Heiligenkalender

In der katholischen Kirche und – abgeschwächt – in den evangelischen Kirchen haben Heilige bestimmte Gedenktage, die in der Gestaltung der Gottesdienste berücksichtigt werden. In einzelnen Gebeten wird ausdrücklich auf den Heiligen Bezug genommen. Die biblischen Lesungen sind auf die Person des Heiligen hin ausgewählt. Das Datum des Gedenktages ist in der Regel der Todestag, bereits nach urchristlicher Vorstellung der „Geburtstag" des neuen Lebens. Bei einigen Heiligen ist der Weihetag einer nach dem Heiligen benannten Kirche der Gedenktag (s. S. 17f.).
Im Laufe der Jahrhunderte hat die Zahl der liturgisch begangenen Gedenktage immer mehr zugenommen. Mehrfach wurde ihre Zahl reduziert, zuletzt 1969. Es gibt jetzt einen Kalender, der diejenigen Heiligen berücksichtigt, die gesamtkirchliche Bedeutung haben (168 Gedenktage, einige Heilige, vor allem Maria, haben mehrere Gedenktage). Die einzelnen Regionen haben weitere Gedenktage, darüber hinaus haben jede Diözese und jede Ordensgemeinschaft noch eigene Heiligenfeste.
Im Folgenden sind die Gedenktage, die für den deutschen Sprachraum Gültigkeit haben, zusammengestellt.

Januar

1. Neujahr, Hochfest der Gottesmutter Maria, Wilhelm v. Dijon
2. Basilius d. Gr. u. Gregor v. Nazianz, Dietmar v. Prag
3. Namen Jesus, Irmina (Hermine), Genovefa, Odilo v. Cluny
4. Marius (Maro), Roger (Rüdiger) v. Elan
5. Ämiliana (Emilie), Eduard, Johann Nepomuk Neumann
6. Erscheinung des Herrn, Kaspar, Melchior, Balthasar, Wiltrud v. Bergen
7. Valentin v. Rätien, Raimund v. Peñafort, Sigrid, Reinold v. Köln
8. Severin v. Norikum, Erhard, Gudula (Guda, Gudrun)
9. Eberhard v. Schäftlarn
10. Paulus v. Theben, Wilhelm v. Bourges
11. Paulinus v. Aquileja
12. Tatiana (Tanja), Hilde v. Salzburg
13. Hilarius v. Poitiers, Gottfried v. Cappenberg, Ivette (Jutta)
14. Heilika v. Köln (Helga), Reiner v. Arnsberg
15. Arnold Janssen, Romedius v. Thaur, Maurus
16. Marcellus I., Tillo (Tillmann), Theobald
17. Antonius v. Ägypten, Beatrix v. Cappenberg, Gamelbert
18. Priska v. Rom, Odilo v. Bayern, Regina
19. Heinrich v. Staufen, Marius
20. Fabian, Sebastian, Ursula v. Villingen
21. Meinrad von der Reichenau, Agnes v. Rom
22. Vinzenz v. Saragossa, Theodelinde (Dietlinde), Walter v. Birbeck, Vinzenz Pallotti
23. Heinrich Seuse, Hartmut
24. Franz v. Sales, Arno v. Salzburg, Vera
25. Bekehrung des Apostels Paulus, Wolfram v. Wadgassen
26. Timotheus u. Titus, Notburga v. Bühl, Paula
27. Angela Merici, Julian v. Le Mans
28. Thomas v. Aquin, Karl d. Gr., Karoline, Manfred
29. Gerhard, Julianus, Valerius v. Trier
30. Adelgundis, Mary Ward, Diethild, Martina
31. Johannes Bosco, Eusebius d. Einsiedler, Hemma

Besondere Heilige im Januar

2. Januar: Gregor von Nazianz – Keuschheit und Weisheit

Zusammen mit den Heiligen Athanasius, Basilius und Chrysostomus gehört Gregor von Nazianz zu den großen Theologen der frühen Kirche. 329 geboren, wuchs er in einer christlichen Familie auf und studierte an den Top-Universitäten seiner Zeit: in Cäsarea, Alexandria (hier traf er den heiligen Athanasius) und ab 348 in Athen, wo er mit dem heiligen Basilius Freundschaft schloss. Im Jahr 380 berief ihn der heilige Basilius zum Bischof von Konstantinopel, doch weil seine Wahl angefochten wurde, verzichtete er drei Jahre später auf das Bischofsamt und widmete sich fortan ganz seinen theologischen Studien. Darin besticht er nicht nur durch gedankliche Tiefe, sondern erweist sich auch als Meister des Stils in Poesie und Prosa. Deshalb ist er der Schutzpatron der Dichter. Der Legende nach entschied sich Gregor von Nazianz nach einem Traum schon im Knabenalter bewusst für die Christusnachfolge: Ihm erschienen Keuschheit und Weisheit in Gestalt von zwei Jungfrauen, die ihm erklärten, Begleiter Christi und all derer zu sein, die sich in der Gottesnachfolge für ein reines Leben entschieden. Früher wurde seiner am 9. Mai gedacht; das Zweite Vatikanische Konzil verlegte seinen Gedenktag 1969 auf den 2. Januar.

20. Januar: Sebastian – Glaubensbekenner vor dem Kaiser

Der Legende nach soll Sebastian in Narbonne in Frankreich geboren und in Mailand aufgewachsen sein. Hier hat er den christlichen Glauben kennen gelernt. In Rom machte er beim Militär Karriere, wurde Befehlshaber der prätorianischen Garde, die den Kaiser schützte. In dieser Stellung hatte er Zutritt zu allen Gefängnissen und nutzte das, um inhaftierten Christen beizustehen. Auch im Heer warb er für den Glauben an Christus. Nach dem Tod von Kaiser Carinus kam

Diokletian an die Macht, unter dem die größten Christenverfolgungen stattfanden. Sebastian widersetzte sich entsprechenden Befehlen und rief zum Widerstand gegen die Staatsgewalt auf. Deswegen wurde er zum Tode verurteilt. Als Soldat sollte er erschossen werden – weshalb er auf Darstellungen als mit Pfeilen durchbohrt dargestellt wird. Die Pfeile töteten ihn jedoch nicht, denn als sein lebloser Körper begraben werden sollte, entdeckte eine christliche Witwe namens Irene, dass Sebastian noch lebte, und pflegte ihn gesund. Nach der Genesung ging Sebastian zu Diokletian, bekannte sich öffentlich zu Christus und klagte den Kaiser wegen seiner Grausamkeit gegen die Christen an. Diokletian ließ Sebastian ergreifen und in der Arena zu Tode prügeln. Seit 354 wird Sebastian am 20. Januar verehrt.

28. Januar: Thomas von Aquin – Gotteserkenntnis im Denken

Um 1225 in Roccasecca bei Aquino in der Nähe Neapels geboren, aus einem Adelsgeschlecht stammend, wurde Thomas v. Aquin bei den Benediktinern in Montecassino erzogen und trat 18-jährig in den Dominikanerorden ein. 1245 traf er in Paris während seines Studiums auf Albertus Magnus, der ihn mit der Philosophie des Aristoteles bekannt machte und dem er nach Köln folgte (1248–1252). Dort wurde er wegen seiner Schweigsamkeit von seinen Kommilitonen als „stummer Ochse" gehänselt, worauf Albertus Magnus gesagt haben soll: „Dieser stumme Ochse wird einmal so brüllen, dass davon die ganze Welt widerhallt." Durch seine theologischen Werke, insbesondere die „Summa theologica", wurde er zu einem der einflussreichsten Denker des Mittelalters und Schöpfer des christlichen Weltbildes. Er war im Auftrag verschiedener Päpste tätig und starb auf einer Reise zum Konzil in Lyon am 7. März 1274, noch nicht fünfzig Jahre alt. 1323 heilig gesprochen, erhielt er 1567 den Ehrentitel Kirchenlehrer.

Februar

1. Brigida (Brigitta), Winand, Wolfhold v. Hohenwart
2. Darstellung des Herrn (Mariä Lichtmess), Dietrich v. Minden, Bodo, Alfred Delp, Maria Katharina Kasper, Helena Maria Stollenwerk
3. Ansgar, Blasius
4. Rabanus Maurus, Veronika, Gilbert v. Sempringham, Christian v. Himmerod
5. Agatha, Adelheid (Elke) v. Vilich
6. Paul Miki u. Gefährten, Dorothea v. Kappadozien, Reinhild v. Aldeneyck, Hildegund v. Meer, Gottfried v. Hirsau
7. Richard aus Wessex, Wunna
8. Hieronymus Ämiliani, Thiatgrim, Dietgrim
9. Julian, Gottschalk v. Siloe, Alto, Lambert v. Neuwerk
10. Scholastika, Wilhelm v. Brabant
11. Gedenktag Unserer Lieben Frau in Lourdes, Theobert (Dietbert), Benedikt v. Aniane, Gregor II.
12. Helmward (Helmut)
13. Adolf v. Tecklenburg, Ekkehard, Ermenhild (Irmhild), Gisela, Kastor v. Kardun
14. Cyrill u. Methodius, Valentin v. Terni
15. Sigfrid (Sigurd) v. Schweden, Druthmar v. Corvey
16. Juliana v. Nikomedien
17. Die sieben Gründer des Servitenordens, Franz Regis, Benignus
18. Konstantia, Simon
19. Irmgard v. Aspel, Kontius v. Trier
20. Korona
21. Petrus Damiani, Germanus, Leodegar v. Ledesgemünd
22. Kathedra Petri, Isabella v. Frankreich
23. Polykarp, Otto v. Cappenberg, Willigis v. Mainz
24. Matthias, Apostel; Ida v. Hohenfels, Irmengard v. Baden
25. Walburga v. Heidenheim, Adeltrud
26. Dionysius v. Augsburg, Mechthild v. Sponheim, Ottokar
27. Martin Butzer, Euderius v. Maastricht, Markward v. Prüm
28. Silvana, Roman
29. Oswald v. York

Besondere Heilige im Februar

3. Februar: Blasius – Helfen ohne Ansehen der Person

St. Blasius gehört zu den 14 Nothelfern. Über sein Leben ist historisch wenig verbürgt – der Legende nach lebte Blasius im dritten Jahrhundert und war Arzt in Segaste in Armenien. Er half allen Menschen ohne Ansehen von Stand oder Herkunft, ob sie arm oder reich waren, Christ oder Nicht-Christ, Fremde oder Einheimische. Kranke Menschen betrachtete er als Brüder und Schwestern. Wegen seiner Hilfsbereitschaft berief ihn die junge christliche Gemeinde zum Bischof. Bald danach setzte eine große Christenverfolgung ein und Blasius versteckte sich auf Bitten seiner Gemeinde, die ihn nicht verlieren wollte, in einer Gebirgshöhle. Hier pflegte er kranke wilde Tiere wie zuvor die Menschen. Bei einer Jagd des kaiserlichen Statthalters wurde er entdeckt: Die Jäger folgten dem Wild, das bei Blasius Unterschlupf suchte. Er wurde gefangen genommen und enthauptet. Vor seinem Tod soll er Gott gebeten haben, die Bitten von Menschen zu erhören, die Halsleiden haben – dies ist der Ursprung des Blasius-Segens, der mit zwei gekreuzten Kerzen in Form des Andreaskreuzes jedes Jahr am 3. Februar erteilt wird.

4. Februar: Veronika – Das wahre Antlitz Gottes

Eine der Frauen, die Jesus auf seinem Kreuzweg folgten und beweinten (Lk 23,27), war Veronika. Sie reichte Jesus ein Schweißtuch, um sich abzutrocknen, dabei hat sich sein Antlitz auf dem Tuch abgemalt. Diese Legende wird seit dem 4. Jahrhundert erzählt. Noch heute ist Veronikas gute Tat zentraler Bestandteil der sechsten Station des Kreuzweges. Ihr Schweißtuch wird in Rom aufbewahrt und wurde mehrfach wissenschaftlich auf seine Echtheit untersucht. Unabhängig davon, wie man dazu steht, offenbart sich im Antlitz Jesu auf dem Schweißtuch eine tiefere Bedeutung: Es ist das Abbild eines gepeinigten, von fast allen Freunden verlassenen Menschen, der von Schmerzen gezeichnet ist, und damit das wahre Antlitz Gottes, lateinisch: vera ikon – wahres Bild.

14. Februar: Cyrill und Methodius –
Gott in allen Sprachen loben

Die beiden Brüder Cyrill und Methodius – der eine Mönch, der andere Bischof – wurden Anfang des 9. Jahrhunderts im griechischen Thessaloniki geboren und beherrschten die slawischen Sprachen. Sie arbeiteten seit dem Jahr 863 als Glaubensboten zusammen und missionierten gemeinsam die slawischen Völker, zunächst an Don und Wolga, dann in Ungarn und Mähren. Sie führten die slawische Sprache in Verkündigung und Liturgie ein, damals eine revolutionäre Tat, da nach offizieller kirchlicher Meinung hierfür nur das Hebräische, Griechische und Lateinische geeignet sei. Papst Hadrian II. billigte 867 jedoch das Slawische als Kirchensprache. Cyrill schuf eine eigene Schrift (das Kyrillische!) für die Verkündigung des Evangeliums und gilt damit als Begründer der slawischen Literatur. Er starb am 14. Februar 869.

März

1. Albin v. Angers, David v. Wales, Roger v. Bourges
2. Karl I. v. Flandern, Agnes v. Böhmen
3. Kunigunde, Friedrich v. Hallum, Tobias
4. Kasimir, Rupert v. Deutz, Humbert
5. Oliva (Olivia), Dietmar v. Minden
6. Fridolin v. Säckingen, Mechthild v. Hochsal
7. Perpetua u. Felizitas, Volker v. Segeberg, Reinhard v. Reinhausen
8. Johannes v. Gott
9. Bruno v. Querfurt, Franziska v. Rom, Gregor v. Nyssa
10. Gustav v. Schweden, Johannes Ogilvie
11. Rosina
12. Almud, Beatrix v. Engelport, Fina, Innozenz I.
13. Paulina, Leander, Answin (Oswin), Judith (Jutta) v. Ringelheim
14. Mathilde, Gottfried, Einhard
15. Klemens Maria Hofbauer, Zacharias, Louise de Marillac
16. Heribert
17. Gertrud v. Nivelles, Patrick
18. Cyrill v. Jerusalem, Eduard v. England
19. Josef, Bräutigam der Gottesmutter Maria
20. Claudia, Irmgard, Wolfram v. Sens
21. Christian v. Köln, Benedikt
22. Lea
23. Turibio v. Mongrovejo (v. Lima), Rebekka
24. Elias, Katharina v. Vadstena
25. Verkündigung des Herrn, Jutta, Eberhard v. Nellenburg
26. Liudger, Kastulus, Felix v. Trier
27. Frowin, Haimo v. Halberstadt
28. Ingbert, Wilhelm, Guntram, Gundelind
29. Helmstan (Helmut), Ludolf v. Ratzeburg
30. Amadeus v. Savoyen
31. Kornelia, Benjamin, Guido v. Pomposa

Besondere Heilige im März

7. März: Perpetua und Felizitas – Taufe, Tod und Auferstehung

Unter der Herrschaft des Kaisers Septimius Severus (192–211) war es unter Androhung der Todesstrafe verboten, sich zum Christentum zu bekennen und taufen zu lassen. Das hinderte die beiden jungen Frauen Perpetua und Felicitas aus Karthago aber nicht, diesen Schritt aus Überzeugung zu tun. So wurde die Taufe der Anlass für ihren Tod. Der Kaiser ließ beide zusammen mit anderen Christen anlässlich des Geburtstages seines Sohnes Publius Septimius Geta (geb. 189) am 7. März des Jahres 203 in der Arena ihrer Heimatstadt wilden Tieren vorwerfen und dann erdolchen. Perpetua, die Beständige, war erst 22 Jahre alt und Mutter eines einjährigen Kindes. Ihr Vater wollte sie mit Hinweis auf ihr Kind umstimmen, doch gelang ihm das nicht. Ihre Dienerin Felicitas gebar zwei Tage vor ihrem Tod im Gefängnis eine Tochter, die sie in die Obhut einer ihrer Schwestern übergab. Unter dem Eindruck der Glaubensstärke dieser beiden jungen Frauen bekehrten sich viele zum Christentum, auch der Gefängniswärter Pudens.

17. März: Patrick – Vielfältige Frucht der Mission

Patrick (Patricius) wurde im römischen Britannien um 385 geboren. Er war Christ, lebte aber zunächst nicht als solcher, sondern gab sich weltlichen Freuden hin. 401 wurde er bei einem Raub- und Plünderungszug der Iren gefangen genommen und in Irland als Sklave an einen Druiden verkauft. Nach sechs Jahren Gefangenschaft gelang ihm 407 die Flucht zurück in seine Heimat. Von hier aus übersiedelte er für einige Jahre auf den europäischen Kontinent, nahm ein geistliches Studium auf, wurde Mönch in Lerins/Frankreich sowie in Auxerre. Hier wurde er Priester und später zum Bischof geweiht. Theologische Studien führten ihn nach Italien und zu den Mönchen am Tyrrhenischen Meer. Um 432 ging er zurück nach Irland, wurde Nachfolger des ersten irischen Bischofs Palladius. Er missionierte das Land, stand dabei unter dem Schutz der Stammesfürsten. 444 gründete er den Bischofssitz Armagh bei Belfast und zahlreiche weitere Bischofssitze. Er organisierte auf diese Weise das gesamte kirchliche Leben Irlands. Gegen Ende seines Lebens beschrieb er nach dem Vorbild des Korintherbriefes (Kap. 10–13) seinen religiösen Werdegang. Die Missionstätigkeit Patricks, der 461 starb, trug reiche Frucht: Von Irland aus missionierten später Mönche in ganz Europa, darunter auch in Deutschland.

26. März: Liudger – Seelsorger und Missionar der Friesen und Sachsen

Um 742 in Friesland geboren, erhielt Liudger 777 in Köln die Priesterweihe, nachdem er zuvor in York in England Schüler von Alkuin war. Er missionierte in Friesland und Sachsen. Von Karl dem Großen erhielt er 794 ein Bistum in Westfalen. Neben einer Kirche gründete er ein Monasterium, aus dem sich später der Städtename Münster ableitete. Liudger gründete den Dom und die Domschule in Münster, das Kloster Nottuln, die Benediktinerabteien Helmstedt und Werden sowie 40 Pfarreien und zahlreiche Schulen. Zum Bischof wurde er erst am 30. März 804 geweiht, nachdem er seinem Bistum bereits zehn Jahre vorstand. Am 26. März starb er in Billerbeck und wurde in Werden begraben.

April

1. Irene, Hugo v. Grenoble
2. Franz v. Paola, Walarich (Valéry)
3. Gandolf v. Binasco, Liudbirg
4. Isidor v. Sevilla
5. Vinzenz Ferrer, Kreszentia Höß, Juliana v. Lüttich
6. Wilhelm v. Aebelholt, Notker der Stammler
7. Johannes Baptist de la Salle
8. Walter v. Rebais, Beate v. Ribnitz
9. Waltraud, Konrad I. v. Salzburg
10. Engelbert v. Admont, Gerold v. Großwalsertal
11. Stanislaus v. Krakau, Reiner v. Osnabrück
12. Herta v. Rom, Zeno
13. Martin I., Ida v. Boulogne, Hardward v. Minden
14. Lidwina (Lydia), Ernestine (Erna) v. Bayern
15. Hunna, Nidgar
16. Benedikt Josef Labre, Bernadette Soubirous
17. Eberhard v. Obermarchtal, Rudolf v. Bern
18. Apollonius
19. Leo IX., Herula v. Bernried, Gerold, Friedrich v. Altzelle, Werner v. Oberwesel, Hemma v. Paderborn, Kuno v. Einsiedeln
20. Wilhelm v. Windberg, Odette, Hildegund v. Schönau
21. Konrad v. Parzham, Anselm v. Canterbury
22. Wolfhelm, Laius (Kajus, Kai)
23. Adalbert v. Prag, Georg, Gerhard v. Toul
24. Fidelis v. Sigmaringen, Wilfried v. York, Egbert v. Irland
25. Markus, Evangelist; Ermin (Erwin), Hermann v. Baden
26. Helene, Trudpert
27. Petrus Kanisius, Zita
28. Pierre Chanel, Ludwig Maria Grignion de Montfort, Hugo v. Cluny
29. Katharina v. Siena, Irmtrud v. Hasnon, Dietrich v. Thoreida
30. Pius V., Quirin v. Neuß, Heimo v. Verdun, Rosamunde, Pauline v. Mallinckrodt, Hulda (Hilda)

Besondere Heilige im April

23. April: Georg – Christliche Tapferkeit und Ritterlichkeit

Georg wird als Drachentöter hoch zu Ross dargestellt. Doch gesicherte Fakten zu seinem Leben sind nicht bekannt, dafür umso mehr Legenden. Er soll im 3. Jahrhundert in Kappadokien geboren sein und im Heer des Kaisers Diokletian eine hohe Stellung als Tribun innegehabt haben, die ihm Zutritt zum Kaiser gestattete. Weil Georg sich zum Christentum bekannte, ließ Diokletian ihn mehrfach grausam foltern und „tausend Tode" sterben. Den an ihm verübten, immer wieder neu erdachten Gewalttaten hielt Georg in soldatischer Tugend stand. In der Ostkirche gilt er daher als Erzmärtyrer. Schließlich wurde er enthauptet und in Lydda-Diospolis, nahe dem heutigen Lod in Israel, begraben. Der Kampf Georgs symbolisiert den Kampf des Guten gegen das Böse. Die Legende erzählt, dass eine unschuldige Königstochter einem Drachen zum Fraß vorgeworfen werden sollte, um diesen zu besänftigen. Doch Georg besiegt ihn und lässt die junge Frau dem Drachen ihren Gürtel um den Hals legen. So führt sie ihn in die Stadt, wo Georg den Drachen tötet, nachdem sich alle Bewohner zum Christentum bekehrt hatten. Georg ist einer der 14 Nothelfer, Patron von Ritterorden, der Reiter und nicht zuletzt der Pfadfinder.

27. April: Petrus Canisius – Sendungsbewusstsein

Am 8.5.1521 in Nimwegen geboren, studierte Petrus Canisius 1536–1546 in Köln. Schon als Theologiestudent organisierte er den Protest gegen den Kölner Erzbischof, der zum Protestantismus tendierte. Nachdem er bei Petrus Faber, einem der ersten Jesuiten, Exerzitien gemacht hatte, schloss er sich als erster Deutscher der Gesellschaft Jesu an. 1546 erhielt er die Priesterweihe. Über 200 Auflagen zu seinen Lebzeiten erreichten seine drei Katechismen für Kinder, Studenten und Mittelschüler und bildeten Jahrhunderte lang die Grundlagen des Religionsunterrichts. Er gründete Schulen und Universitätskollegien und wird damit zum Begründer des höheren Schulwesens in katholischen Gegenden wie Melanchton für das evangelische Deutschland. Aufgrund seines nachhaltigen Einflusses gilt er nach Bonifatius als zweiter Apostel der Deutschen. Er starb am 21.12.1597 in Fribourg/Schweiz.

29. April: Katharina von Siena – Leidenschaftliche Gottesliebe

Katharina war das 25. Kind des Wollfärbers Benincasas aus Siena und sehnte sich schon mit sieben Jahren nach dem Kloster. Durch Heiratspläne versuchte ihr Vater, sie vor vollendete Tatsachen zu stellen, doch sie lehnte ab. 1365, mit 18 Jahren, trat sie den Bußschwestern des heiligen Dominikus bei. In Pisa pflegte sie 1374 während der Pest die Kranken und steckte sich dabei selbst an. 1375 empfing sie die Stigmata (Wundmale Jesu), die sie bis zu ihrem Tod am 29. April 1380 in Rom geheim hielt. In den kirchenpolitischen Wirren ihrer Zeit war die Einheit der Kirche ihr zentrales Anliegen, und Katharina überredete Papst Gregor XI. zur Rükkkehr aus Avignon nach Rom. Sie war Gesprächspartnerin von Päpsten, Fürsten und Prälaten. Die Kraft für ihr kirchenpolitisches Engagement und die Pflege von Armen und Pestkranken schenkte ihr die innige Beziehung zu Gott, die sie in Briefen und den „Dialogen mit Gott“ theologisch tiefgründig und mystisch beschrieben hat.

Mai

1. Josef, der Arbeiter; Arnold v. Hiltensweiler, Josef v. Arabien
2. Athanasius d. Gr., Sigismund, Zol
3. Philippus u. Jakobus, Apostel; Alexander I., Viola
4. Florian u. die Märtyrer v. Lorch, Willerich v. Bremen
5. Godehard (Gotthard) v. Hildesheim, Sigrid, Angelus, Jutta v. Sangershausen, Hilarius v. Ars
6. Antonia, Gundula
7. Notker (Gernot), Helga, Gisela, Boris v. Bulgarien
8. Désiré, Wolfhild, Friedrich v. Hirsau
9. Beatus, Volkmar, Maria Theresia Gerhardinger
10. Comgall
11. Gangolf
12. Nereus u. Achilleus, Pankratius
13. Gedenktag Unserer Lieben Frau in Fatima, Servatius
14. Christian v. Galatien, Pachomius
15. Rupert v. Bingen, Sophia (Sonja), Isidor, Heinrich v. Ebrantshausen
16. Johannes Nepomuk, Brendan
17. Walter v. Mondsee, Dietmar v. Neumünster
18. Johannes I., Erich, Burkhard, Felix v. Cantalice, Blandine Merten
19. Alkuin, Kuno, Ivo
20. Bernhardin v. Siena, Valeria, Elfriede
21. Hermann Josef, Christophorus Magallanes u. Gefährten, Erenfrid, Wiltrud v. Ardel, Theobald v. Vienne
22. Rita v. Cascia, Julia v. Karthago, Ämilius (Emil), Renate
23. Desiderius v. Vienne
24. Maria, Hilfe der Christen; Esther, Dagmar
25. Beda d. Ehrwürdige, Gregor VII., Maria Magdalena v. Pazzi, Urban I., Heribert v. Knechtsteden
26. Philipp Neri, Alwin
27. Augustinus v. Canterbury, Bruno v. Würzburg
28. Germanus, Ruthard, Erbin (Erwin), Wilhelm v. Aquitanien
29. Maximin, Irmtrud v. Millendonk
30. Jeanne d'Arc, Ferdinand, Reinhild v. Westerkappeln
31. Helmtrud (Hiltrud), Mechthild v. Dießen

Besondere Heilige im Mai

16. Mai: Johannes Nepomuk – Schutz des persönlichen Geheimnisses

Noch heute kann man diesem Heiligen begegnen: Das Standbild von Johannes Nepomuk steht auf ungezählten Brücken. Um 1350 im böhmischen Pomuk bei Pilsen geboren, studierte er an der neu gegründeten Universität in Prag Theologie, erlangte die Doktorwürde und studierte später in Padua Kanonisches Recht. Zehn Jahre arbeitete er als Notar an der erzbischöflichen Gerichtskanzlei, empfing dann 1380 die Priesterweihe. Aufgrund seiner Fähigkeiten wurde er zum Generalvikar der Erzdiözese Prag ernannt. Als Pfarrer an St. Gallus in der Prager Neustadt kümmerte er sich besonders um deutsche Kaufleute. Der 1376 zum deutschen König gewählte Wenzel IV. machte Johannes Nepomuk ständig Schwierigkeiten und ließ ihn aus bis heute ungeklärten Gründen gefangen nehmen, foltern und von der Karlsbrücke in die Moldau werfen. Rasch entstand um den Tod Nepomuks die Legende, Wenzel IV. habe von ihm die Beichtgeheimnisse der Königin wissen wollen. Doch weil Johannes Nepomuk sich auf das Beichtgeheimnis berief und die ureigensten persönlichen Bekenntnisse der Königin nicht preisgab, sei Wenzel deswegen so zornig geworden und habe ihn töten lassen. Das war am 20. März 1393.

25. Mai: Beda Venerabilis – Theologie als Wissenschaft

Beda der Ehrwürdige (672–735) kam mit sieben Jahren zur Ausbildung ins Kloster St. Paul in Wearmouth in Nordengland und wechselte als Zehnjähriger in das neu gegründete Kloster Jarrow, in dem er bis zu seinem Lebensende blieb. Obwohl er nur an einem eng umgrenzten Ort wirkte, strahlte seine Tätigkeit als Lehrer und Wissenschaftler schon bald weit über die Grenzen des Landes hinaus. Er gilt als der erste wissenschaftliche Theologe des Mittelalters. Viele Kirchenfürsten und Könige suchten seinen Rat. Sein Spezialgebiet war die Auslegung der Heiligen Schrift, seine wissenschaftliche Neugier ließ ihn aber auch auf anderen Gebieten zum Fachmann werden. So verdankt ihm Europa die erste vollständige Klostergeschichte überhaupt, die über das Kloster Wearmouth. Er soll bis wenige Stunden vor seinem Tod noch an einer Abhandlung geschrieben haben. In Durham ist er begraben.

26. Mai: Philipp Neri – Humor und neue Methoden in der Verkündigung

Gewinnender Humor war das persönliche Kennzeichen von Philipp Neri, der am 21. Juli 1515 als Sohn eines Notars in Florenz geboren wurde. Er arbeitete in der Nähe von Montecassino als kaufmännischer Gehilfe bei seinem Onkel, der ihm sein Vermögen vererben wollte. Philipp Neri schlug dies aus, ging als Erzieher nach Rom. 16 Jahre lang war er hier Hauslehrer. In dieser Zeit studierte er Theologie, führte ein asketisches Leben, widmete sich dem Gebet und gab auf der Straße Religionsunterricht. Auch hatte er mystische Erfahrungen. Für die Betreuung von Rompilgern gründete er 1548 eine Bruderschaft. Zum Priester wurde er 1551 geweiht und schloss sich einer Priestergemeinschaft an. Aus ihr entwickelte sich 1564 das Oratorium Philipp Neris, eine Weltpriestervereinigung, die unter dem Namen „Oratorianer“ bis heute existiert. Von diesem Oratorium hat auch die musikalische Gattung ihren Namen abgeleitet. Er wandte neue Methoden der Verkündigung an, zum Beispiel Kinderpredigten und selbst komponierte religiöse Lieder. Er wurde zum Beichtvater fast der ganzen Stadt. Ihm angebotene hohe kirchliche Ämter lehnte er ab. Um seinen Erfolg abzuwehren, machte er sich zum Narren, wurde dadurch aber noch populärer. Bei seinem Tod 1595 trauerten alle Bevölkerungsschichten um „il Santo“, den Heiligen, wie er schon zu Lebzeiten genannt wurde.

Juni

1. Justin, Simeon v. Trier
2. Marzellinus (Marcel) u. Petrus, Armin, Erasmus, Eugen
3. Karl Lwanga u. Gefährten
4. Klothilde, Christa, Werner v. Ellerbach, Kevin
5. Bonifatius (Winfrid), Fulger
6. Norbert v. Xanten, Claudius, Bertram (Bertrona)
7. Gottlieb, Götz, Robert v. Newminster
8. Giselbert v. Cappenberg, Engelbert v. Schäftlarn, Medardus v. Noyon
9. Ephräm d. Syrer, Liborius v. Le Mans
10. Bardo, Heinrich v. Bozen, Gerlach v. Obermarchtal, Diana
11. Barnabas, Apostel; Reinbert (Rumbert)
12. Leo III.
13. Antonius v. Padua
14. Gottschalk, Hartwig v. Salzburg
15. Vitus (Veit), Bernhard v. Aosta, Lothar v. Sées, Gebhard v. Salzburg
16. Benno v. Meißen, Quirin v. Tegernsee, Luitgard v. Tongern
17. Rainer v. Pisa, Batho v. Andechs
18. Markus u. Marcellianus
19. Romuald, Elisabeth v. Schönau, Odo v. Cambrai
20. Adalbert v. Magdeburg, Benigna
21. Aloisius Gonzaga, Alban v. Mainz
22. Paulinus v. Nola, John Fisher u. Thomas Morus, Albin v. Rom, Eberhard v. Biburg
23. Edeltraud (Ortrud)
24. Geburt Johannes' des Täufers, Theodulf
25. Dorothea, Eleonore v. England
26. Anthelm
27. Hemma v. Gurk, Cyrill v. Alexandrien, Harald, Gernot v. Reichersberg
28. Irenäus v. Lyon, Ekkehard v. Huysburg
29. Petrus u. Paulus, Apostel
30. Otto v. Bamberg, Die ersten Märtyrer der Stadt Rom, Erentrud, Donatus, Theobald v. Provins, Ernst v. Prag

Besondere Heilige im Juni

5. Juni: Bonifatius – Glaubensverkünder aus Überzeugung und Apostel der Deutschen

Winfrid, wie Bonifatius ursprünglich hieß, wurde 672 in Wessex/England geboren, in den Klöstern Exeter und Nursling erzogen und mit dreißig Jahren zum Priester geweiht. Zehn Jahre widmete er sich der Wissenschaft, verfasste die erste schriftliche Grammatik Englands, schrieb Gedichte und legte die Bibel aus. Mit vierzig reiste er erstmals nach Germanien, um die Friesen zu missionieren, blieb ohne Erfolg und kehrte nach England zurück. 718 reiste er zu Papst Gregor II. nach Rom, der ihm den Namen Bonifatius, Wohltäter, gab und als Missionar nach Thüringen schickte. Von hier aus missionierte er Hessen und Westfalen, organisierte die Kirche in Süddeutschland neu und gründete die Bistümer Passau, Regensburg, Salzburg, Freising, Eichstätt, Buraburg, Würzburg und Erfurt. Für die fränkische Kirche hielt er Reformsynoden ab. Auf seiner zweiten Romreise 722 ernannte der Papst Bonifatius zum Missionsbischof. In die Zeit danach fällt die bekannteste Tat des Heiligen, das Fällen der Donareiche bei Geismar an der Eder (Nordhessen). Noch ein drittes Mal reiste er 738/739 nach Rom, um Bericht über seine Arbeit zu geben. 742 wurde Bonifatius im Alter von 72 Jahren Bischof von Mainz. Von dort brach er noch einmal auf, um die Friesen zu bekehren. Er wurde mit 52 Gefährten an Pfingsten 754 bei Dokkum in Holland von Wegelagerern ermordet. Bonifatius ist in seinem Lieblingskloster Fulda, das er 744 gründete, begraben.

15. Juni: Vitus (Veit) – Die Glaubensstärke eines Kindes

Vitus, dessen Name „lebensvoll“ bedeutet, ist historisch verbürgt, sein Leben aber nur aus Legenden bekannt. Er wurde nur sieben Jahre alt und war Sohn heidnischer Eltern aus Sizilien, die ihn von der Amme Crescentia und ihrem Mann Modestus erziehen ließen, ohne zu wissen, dass diese Christen waren. Vitus' Vater Hylas wollte aber, dass er dem Glauben abschwöre, und schleppte Vitus gar vor den Präfekten Valerian, der ihn durch Schläge gefügig machen sollte. Die Arme der Schläger aber erlahmten, Vitus kam frei und floh mit seinen Erziehern nach Lucana in Unteritalien. Hier wurden sie als Christen entdeckt und nach Rom zu Kaiser Diokletian gebracht. Vitus heilte dessen Sohn von der Epilepsie, wurde aber dennoch mit Crescentia und Modestus in ein Fass mit siedendem Öl geworfen, weil sie der Forderung des Kaisers widerstanden, römische Götter anzubeten. Dem Fass entstieg Vitus mit seinen Gefährten der Legende nach unversehrt. Die drei wurden dann Löwen vorgeworfen, die ihnen aber nichts antaten. Daraufhin wurden sie gefoltert und enthauptet. Das soll im Jahre 304 gewesen sein.

30. Juni: Otto von Bamberg – Diplomat für den Frieden zwischen Kirche und Staat

1060/62 als Adliger geboren, wurde Otto 1088 Hofkaplan bei Herzog Wladislaw von Polen, wenig später in derselben Funktion bei Kaiser Heinrich IV., der ihn 1090 mit der Aufsicht über den Dombau zu Speyer betraute. 1101 wurde Otto von Heinrich IV. zum Kanzler und 1102 zum Bischof ernannt. Die Bischofsweihe erhielt er 1106 durch Papst Paschalis II. Den immer noch schwelenden Investiturstreit zwischen Heinrich V. und dem Papst – setzt der Kaiser oder der Papst die Bischöfe ein? – schlichtete Otto durch seine maßgebliche Mitarbeit am Wormser Konkordat (1122). Auf seinen Reisen nach Pommern gewann er diesen Volksstamm für den christlichen Glauben und wird deswegen auch Apostel der Pommern genannt. Er starb am 30.6.1139. Sein Grab ist im Kloster Michelsberg in Bamberg.

Juli

1. Theoderich, Eckhart v. Scheida
2. Mariä Heimsuchung
3. Thomas, Apostel; Raimundus Lullus
4. Ulrich v. Augsburg, Elisabeth v. Portugal, Berta v. Blangy, Werner v. Wiblingen
5. Antonius Maria Zaccaria, Kyrilla, Wilhelm v. Hirsau
6. Maria Goretti
7. Willibald
8. Kilian v. Würzburg u. Gefährten, Edgar
9. Augustinus Zhao Rong u. Gefährten, Hagilolf (Agilolf)
10. Knud v. Dänemark, Erich v. Schweden, Olaf v. Norwegen, Alexander
11. Benedikt v. Nursia, Sigisbert, Rachel, Olga, Oliver
12. Felix v. Lodi
13. Heinrich II. u. Kunigunde, Sara, Arno v. Würzburg, Mildred
14. Kamillus v. Lellis, Jakobus a Voragine, Ulrich v. Zeil
15. Bonaventura, Answer, Bernhard v. Baden, Donald
16. Gedenktag Unserer Lieben Frau auf dem Berge Karmel, Carmen, Irmengard v. Chiemsee, Elvira v. Öhren
17. Donata, Alexius v. Edessa, Marina, Hedwig v. Polen
18. Odilia, Arnold, Arnulf, Friedrich v. Utrecht
19. Arsenius v. Ägypten
20. Margareta (Margot) v. Antiochien, Bernhard v. Hildesheim
21. Laurentius v. Brindisi, Daniel, Arbogast
22. Maria Magdalena, Verena (Elvira), Eberhard v. Berg, Walter v. Codi
23. Birgitta v. Schweden, Apollinaris v. Ravenna
24. Christophorus, Scharbel Mahluf, Christina v. Bolsena, Siglinde, Gerburg, Luise v. Savoyen
25. Jakobus d. Ä., Apostel; Thea, Thomas v. Kempen
26. Joachim u. Anna
27. Bertold v. Garsten, Pantaleon, Natalie v. Cordoba
28. Beatus v. Trier, Innozenz, Samson
29. Marta v. Betanien, Lucilla, Flora, Ladislaus
30. Petrus Chrysologus, Beatrix v. Rom, Ingeborg, Wiltrud
31. Ignatius v. Loyola, Germanus v. Auxerre

Besondere Heilige im Juli

14. Juli: Jakobus a Voragine – Gott in seinen Heiligen erkennen

Um 1228/30 in Voragine, dem heutigen Varazze bei Genua, geboren, trat Jakobus 1244 in den Dominikanerorden ein. Bereits mit 22 Jahren wurde er Professor, war Prediger in Genua und vielen anderen italienischen Städten. 1286 wurde er zum Erzbischof Genuas gewählt, nahm dieses Amt aber erst auf Befehl des Papstes im Jahre 1292 an. Jakobus a Voragine war ein produktiver Schriftsteller. Am bekanntesten ist er als Verfasser der Legenda aurea (Goldene Legenden), dem meistgelesenen Buch des Mittelalters in ganz Europa. Vieles von dem, was wir heute von und über die Heiligen wissen, hat er zusammengetragen und wäre ohne ihn nicht mehr bekannt. Mit seinen Heiligenlegenden versuchte er zu zeigen, wie sich Gott im Leben der Heiligen offenbart und zur Nachfolge Christi einlädt. Er starb 1298 in Genua.

15. Juli: Bonaventura – Theologe, mystische Erfahrung und praktische Ordensleitung

Als Johannes Fidanza 1221 nördlich von Rom in Bagnoreggio geboren, studierte Bonaventura, der als kränkliches Kind von Franz von Assisi geheilt worden war, von 1236–42 in Paris, trat dort 1243 in den Orden der Franziskaner ein. Im Alter von 35 Jahren wurde er 1257 zum General des Ordens berufen, den er bis zu seinem Tod 1274 von Paris aus leitete. Bonaventura vollendete die Ordensregel und Organisation der Franziskaner und gilt deswegen als ihr zweiter Gründer. Papst Gregor X., der ihn 1273 zum Kardinal von Albano berief, übertrug ihm die Vorbereitung und Leitung des zweiten Konzils in Lyon (1274), bei dem die Einigung mit der griechischen Kirche vollzogen wurde. Bonaventura starb wenige Tage vor Beendigung des Konzils.

23. Juli: Birgitta von Schweden – Ehefrau und Nonne

Birgitta wurde 1302/03 in Finstad bei Uppsala in Südschweden als Tochter eines Adligen geboren. Ihre Ehe mit Ulf Gudmarsson war sehr glücklich, ihr entsprangen acht Kinder, darunter die heilige Katharina von Schweden. 1341 ging sie zusammen mit ihrem Mann auf eine dreijährige Wallfahrt nach Santiago de Compostela in Spanien. Ihr Mann starb an einer Krankheit, die er sich auf der Wallfahrt zugezogen hatte. Der Tod ihres Mannes wurde zum entscheidenden Wendepunkt in Birgittas Leben. Sie empfing Visionen, die sie in schwedischer Sprache niederschrieb, und gründete den nach ihr benannten Brigittenorden. 1349 übersiedelte sie nach Rom, pilgerte 1372/73 ins Heilige Land und lebte die letzten 24 Jahre ihres Lebens in Italien. Hier versuchte sie, den Papst zur Rückkehr aus Avignon zu bewegen, was jedoch erst der heiligen Katharina gelang. Erfolgreich war sie jedoch in ihrem Einwirken auf die Großen aus Politik und Kirche.

August

1. Alfons Maria v. Liguori, Petrus Faber
2. Eusebius v. Vercelli, Petrus Julianus Eymard, Gundekar
3. Lydia, Benno v. Einsiedeln, Petrus v. Anagni
4. Johannes Maria Vianney (Pfarrer v. Ars)
5. Weihetag der Basilika Santa Maria Maggiore in Rom, Oswald, Dominika
6. Verklärung des Herrn, Gilbert v. Maria Laach, Hermann v. Cappenberg
7. Xystus II. u. Gefährten, Kajetan, Afra, Donatus v. Besançon
8. Dominikus, Hildiger (Hilger), Cyriakus
9. Theresia Benedicta vom Kreuz (Edith Stein)
10. Laurentius v. Rom (Lorenz), Asteria (Asta, Astrid)
11. Klara v. Assisi, Philomena, Susanna
12. Radegund
13. Pontianus u. Hippolyt, Kassian, Gertrud v. Altenberg, Ludolf v. Evreux, Gerold, Radegundis, Wigbert
14. Maximilian Kolbe, Werenfrid, Eberhard v. Einsiedeln, Meinhard
15. Mariä Aufnahme in den Himmel, Rupert v. Ottobeuren, Mechthild v. Magdeburg, Altfried v. Hildesheim
16. Stephan v. Ungarn, Theodor v. Martigny, Rochus
17. Karlmann, Guda (Jutta)
18. Helena, Claudia
19. Johannes Eudes, Sebald
20. Bernhard v. Clairvaux, Samuel, Ronald, Hugo v. Tennenbach
21. Pius X., Balduin, Gratia
22. Maria Königin, Regina, Siegfried v. Wearmouth
23. Rosa v. Lima, Richildis
24. Bartholomäus, Apostel; Isolde
25. Ludwig IX., Josef v. Calasanza, Elvira
26. Gregor v. Pfalzel (v. Utrecht)
27. Monika, Margareta v. Bayern
28. Augustinus v. Hippo, Elmar, Adelind
29. Enthauptung Johannes' des Täufers, Sabine v. Rom, Theodora, Beatrix v. Aa
30. Heribert v. Köln, Amadeus
31. Paulinus v. Trier

Besondere Heilige im August

8. August: Dominikus – Reform durch Predigen

1170 im spanischen Caleruega nahe Burgos geboren, genoss Dominikus eine hervorragende Schulbildung, studierte Philosophie und Theologie an der Domschule von Palencia, wurde Mitglied des Domkapitels von Osma. Zwei Reisen durch Europa erweiterten seinen Horizont. Er lernte 1206 die Waldenser und Albigenser kennen und erkannte, dass Waffengewalt nicht die Antwort auf deren Gegnerschaft zur Kirche sein konnte. Er sah in der fundierten Predigt die richtige Antwort und gründete 1215 den Predigerorden, Ordo Praedicatorum, abgekürzt O.P. Er sandte seine Ordensbrüder an die großen Universitäten und gab dem Orden damit eine europäische Dimension. Er führte das systematische Studium als Predigtvorbereitung ein. Der Orden breitete sich rasch in ganz Europa aus und prägte das geistige Leben der nächsten Jahrhunderte. Dominikus starb am 6.8.1221 in Bologna und wurde schon 1234 heilig gesprochen.

27. August: Monika - Unbeirrbarkeit im Glauben

Mit achtzehn Jahren wurde Monika – sie lebte von 332 bis 387 – von ihren Eltern an einen Mann verheiratet, der mit Religion überhaupt nichts im Sinn hatte. Ihr Mann lebte leichtsinnig, war jähzornig, hielt es mit ehelicher Treue nicht so genau und schlug sie sogar. Monika ertrug dieses Verhalten mit Geduld und Selbstdisziplin. Sie hielt ihrem Mann die Wahrheit über ihre Beziehung vor und versuchte, ihn für das Christentum zu gewinnen. Das gelang ihr schließlich ein Jahr vor seinem Tod. Als allein erziehende Mutter widmete sie sich fortan noch stärker ihren drei Kindern. Am meisten Sorge trug sie für Aurelius Augustinus, der hoch begabt war, an der Universität Karthago aber ein Lotterleben führte und sich neun Jahre lang religiösen Irrlehren verschrieb. Über Jahre konnte sie nur für ihn beten. Sie folgte ihm nach Mailand, wo er eine Professur für Rhetorik angenommen hatte. Dort fand Augustinus zum Christentum. Ihre Unbeirrbarkeit im Glauben trug Früchte – für ihren Sohn und die Kirche: Augustinus wurde zum vielleicht bedeutendsten Kirchenlehrer.

28. August: Augustinus – Suche nach Wahrheit

Augustinus (354 – 430) gehört zusammen mit Ambrosius, Gregor dem Großen und Hieronymus zu den vier großen Kirchenlehrern des Abendlandes. Sein Leben war geprägt von der Suche nach Wahrheit, die auch Irrwege einschloss. Er fand ab 384 in Mailand zum christlichen Glauben, ließ sich 387 zusammen mit seinem Sohn Deodatus (Gottesgabe) taufen, kehrte in seine Heimatstadt Tagaste im heutigen Algerien zurück (auf dem Rückweg starb seine Mutter in Ostia, dem Hafen Roms, und wurde in Rom begraben), lebte dort mit Gleichgesinnten in einer christlichen Kommune, empfing 394 die Priesterweihe und wurde 396 zum Bischof von Hippo ernannt. In seiner 34-jährigen Amtszeit erwies er sich als begnadeter Seelsorger. In allen großen theologischen Auseinandersetzungen seiner Zeit fand er die zukunftsfähigen Lösungen. Mit seinen theologischen Schriften – die bekanntesten sind „Confessiones“ (Bekenntnisse) und „De Civitate Dei“ (Gottesstaat) – beeinflusste er nicht nur die Theologie des gesamten Mittelalters. Luther berief sich in seiner Rechtfertigungslehre auf ihn.

September

1. Verena v. Zurzach, Ägidius (Egid), Ruth
2. Ingrid
3. Gregor d. Gr., Sophia v. Minden
4. Swidbert (Sven), Ida v. Herzfeld, Iris, Irmgard v. Süchteln, Rosa v. Viterbo
5. Maria Theresia Wüllenweber, Roswitha v. Gandersheim
6. Magnus, Gundolf, Judith
7. Otto v. Freising, Regina v. Burgund, Dietrich v. Metz
8. Mariä Geburt, Korbinian, Hadrian
9. Petrus Claver, Ottmar
10. Nikolaus v. Tolentius, Edgar v. Friesland
11. Felix u. Regula v. Zürich, Marbel v. Rennes
12. Mariä Namen (Mirjam, Marion), Gerfried v. Münster, Guido (Wido) v. Anderlecht
13. Johannes Chrysostomus, Notburga v. Hochhausen, Tobias, Amatus
14. Kreuzerhöhung, Maternus v. Köln, Notburga v. Eben
15. Gedächtnis der Schmerzen Mariens, Ludmilla, Roland
16. Kornelius u. Cyprian, Julia v. Öhren, Edith v. Wilton
17. Hildegard v. Bingen, Robert Bellarmin, Adriadne (Ariane)
18. Lambert v. Maastricht, Richardis, Lantpert
19. Januarius v. Neapel, Theodor v. Canterbury, Igor
20. Andreas Kim Taegon u. Paul Chong Hasang u. Gefährten, Eustachius v. Rom
21. Matthäus, Apostel und Evangelist; Debora, Jona(s)
22. Mauritius (Moritz) u. Gefährten, Emmeram
23. Pio da Pietrelcina (Pater Pio), Thekla, Gerhild
24. Rupert u. Virgil v. Salzburg, Gerhard v. Cdanád, Hermann v. Reichenau
25. Niklaus v. Flüe
26. Kosmas u. Damian, Eugenia v. Odilienberg, Meinhard
27. Vinzenz v. Paul, Hiltrud v. Lissies, Dietrich v. Naumburg
28. Lioba, Wenzel, Lorenzo Ruiz u. Gefährten
29. Michael, Gabriel u. Rafael, Erzengel; Konrad v. Zähringen
30. Hieronymus, Urs, Viktor v. Solothurn

Besondere Heilige im September

14. September: Notburga – Der Wert der Sonntagsruhe

Um 1265 wurde Notburga im österreichischen Rattenberg geboren. Sie diente als Magd bei den Grafen von Rottenburg am Inn und verteilte Reste des reichlichen Essens von der gräflichen Tafel an Arme und Bettler. Dazu gehörte auch das, was sie sich selbst vom Munde abgespart hatte. Als die Gräfin starb, wurde Notburga von deren Schwiegertochter Ottilie, die keine Armenspeisung mehr duldete, entlassen. Deswegen verdingte sich Notburga als Haus- und Stallmagd bei einem Bauern im Dorf Eben. Als dieser von ihr Sonntagsarbeit verlangte und sie außerdem noch anwies, werktags nach dem Glockenläuten zum Feierabend Getreide zu ernten, warf Notburga mit dem Ruf „Feierabend" die Sichel ins Feld. Der Legende nach blieb sie in der Luft schweben. Später kehrte Notburga zurück auf das gräfliche Gut, wo sie ihre Hilfe für die Armen weiterführte und bis zu ihrem Tod am 14. September 1313 blieb.

26. September: Kosmas und Damian – Ärzte für Gott

Historisch ist wenig über diese beiden Ärzte bekannt, die den Beinamen Anargyroi trugen, „ohne Geld", weil sie arme Patienten honorarfrei behandelten. Dennoch wurden die Zwillingsbrüder, die Ende des dritten, Anfang des vierten Jahrhunderts in Syrien lebten, so die Überlieferung der Legende, schon im 5. Jahrhundert weithin verehrt. Sie sollen viele Menschen für das Christentum gewonnen haben und wurden um 305 Opfer der Christenverfolgung Diokletians. Unter dem Präfekten Lysias wurden sie gefoltert, glücklich aus dem Kerker befreit und später enthauptet. Sowohl in der Ost- als auch in der Westkirche wurden ihnen Kirchen geweiht. Sie sind Patrone der Ärzte, Zahnärzte, Apotheker,

Drogisten, Chirurgen, medizinischen Fakultäten und nicht zuletzt der Kranken.

27. September: Vinzenz von Paul – Das Notwendige tun

Vinzenz von Paul, am 24. April 1581 in Pouy/Gascogne geboren (seit 1828 St.-Vincent-de-Paul), stammt aus einfachen Verhältnissen, seine Eltern waren Bauern. Mit 19 wurde er Priester, übernahm 1612 die Pfarrei Clichy in Paris, von 1613–1626 war er Hausgeistlicher des Grafen de Gondi, dem General der königlichen Galeeren. In dessen Diensten lernte Vinzenz von Paul das Elend und die religiöse Unwissenheit der Landbevölkerung kennen. Daraufhin legte er 1617 das Gelübde ab, sich ausschließlich der Armenfürsorge zu widmen. Noch im selben Jahr gründete er die Confrèrie des Dames de la Charité, eine Vereinigung von Bürgersfrauen, die sich armer und allein stehender Kranker und Kinder annehmen sollten. Aus dieser Vereinigung gingen später die Vinzentinerinnen (Barmherzigen Schwestern) hervor. 1620 stellte Vinzenz seiner Laienkongregation für Frauen auch eine für Männer an die Seite, die „Helfer der Armen". Viele Priester schlossen sich der 1625 von Vinzenz gegründeten Congregatio Missionis an, die in ganz Frankreich Volksmissionen abhielt. Ist es Zufall, dass das Stammhaus dieser Priesterbruderschaft das Priorat von St.-Lazare war, dem Bettler Lazarus aus dem Gleichnis Jesu vom reichen Prasser? Die Mitglieder der Congregatio Missionis wurden auch Lazaristen genannt. Vinzenz von Paul richtete in Kriegszeiten Volksküchen gegen die Hungersnot ein und leitete die Flüchtlingsseelsorge. Mit seinen vielfältigen Hilfswerken wurde Vinzenz von Paul zum Begründer und Organisator der allgemeinen Caritas in Frankreich. Er starb am 27. 9. 1660 in Paris.

Oktober

1. Theresia vom Kinde Jesus (v. Lisieux), Giselbert v. Zusmarshausen, Remigius, Emanuel (Manuel), Werner v. Wilten
2. Heilige Schutzengel
3. Leodegar, Ewald, Udo, Irmgard v. Baindt
4. Franz v. Assisi
5. Meinolf, Attila
6. Bruno d. Kartäuser, Renatus (René)
7. Gedenktag Unserer Lieben Frau vom Rosenkranz, Justina, Gerold v. Köln, Ernst v. Neresheim, Sergius
8. Simeon, Gunther v. Regensburg
9. Dionysius v. Paris u. Gefährten, Denis, Johannes Leonardi, Gunther, Sara, Sibylle
10. Gereon, Viktor v. Xanten u. Gefährten
11. Bruno v. Köln, Quirinus
12. Maximilian v. Pongau, Edwin, Gottfried v. Arnstein
13. Aurelia, Koloman, Reginbald, Eduard
14. Kallistus I., Burkhard v. Würzburg, Hildegund v. Münchaurach
15. Theresia v. Jesus (v. Avila), Aurelia v. Regensburg, Thekla
16. Hedwig v. Andechs, Gallus, Margareta Maria Alacoque, Luitgard v. Wittichen
17. Ignatius v. Antiochien
18. Lukas, Evangelist
19. Jean de Brébeuf u. Isaak Jogues u. Gefährten, Paul v. Kreuz, Laura
20. Wendelin, Vitalis
21. Ursula v. Köln u. Gefährtinnen, Irmtrud
22. Salome, Kordula, Ingbert
23. Johannes v. Capestrano, Severin v. Köln, Oda (Uta) v. Amay
24. Antonius Maria Claret
25. Daria, Ludwig v. Arnstein
26. Amandus
27. Wolfhard
28. Simon u. Judas Thaddäus, Apostel; Alfred
29. Ermelind, Margareta v. Sponheim
30. Emicho v. Mallersdorf
31. Wolfgang v. Regensburg, Jutta v. Bedburg, Elisabeth v. Ungarn

Besondere Heilige im Oktober

15. Oktober: Theresia von Avila – Gott allein genügt

Schon als Kind faszinierten Theresia Berichte von Christen, die den Märtyrertod starben, mit sieben riss sie mit ihrem Bruder Rodrigo aus, um bei den Mauren das Martyrium zu erleiden, sie wurden aber gefunden und zurückgebracht. Als sie zwölf war, starb ihre Mutter und Theresia weihte sich Maria, der Gottesmutter. 1531 wurde sie von ihrem Vater zur weiteren Erziehung in das Augustinerinnenkloster in Avila gegeben. 19-jährig trat sie in das Karmelitinnenkloster ihrer Geburtsstadt Avila ein. Kurz nach ihrer Profess erkrankte sie schwer, litt jahrelang unter Lähmungen. Ab 1539 erlebte sie Visionen, die sie, wie sie es später ausdrückte, „endgültig bekehrten". In mystischen Erfahrungen erlebte sie die Vereinigung mit Gott, erlitt aber auch grausame Tiefen. 1560 legte sie das Gelübde ab, nur das Vollkommenere zu tun. Sie reformierte, zusammen mit Johannes vom Kreuz, den Karmeliterorden, gründete den Zweig der „Unbeschuhten Karmeliten". Sie schrieb ein Buch über Klostergründungen, eine Autobiographie, den „Weg der Vollkommenheit" und „Die Seelenburg", in denen sie ihre mystischen Erfahrungen festhielt. Sie starb am 5. Oktober 1582 in Alba de Tormes während einer Visitationsreise. Ihr Gedenktag wird deswegen am 15. Oktober gefeiert, weil in ihrem Sterbejahr der Gregorianische Kalender in Kraft trat, der 1582 zehn Tage ausfallen ließ und nach dem 4. der 15. Oktober folgte.

16. Oktober: Hedwig – Hass und Gewalt überwinden

Hedwig wurde 1174 in Andechs geboren und im Alter von 13 Jahren mit Herzog Heinrich I. von Schlesien verheiratet. Ungewöhnlich für diese aus machtpolitischen Gründen geschlossene Ehe war, dass sie glücklich verlief. Hedwig gebar sieben Kinder, war eine vorbildliche Mutter, begabt mit Klugheit und Weitblick. Sie unterstützte ihren Mann tatkräftig bei der Vertiefung des Glaubens in Schlesien, wurde durch ihre Frömmigkeit und karitativen Aktivitäten berühmt. Sie musste schlechte Nachrichten aus ihrer bayrischen Heimat verkraften: die Zerstörung des elterlichen Schlosses, den Mord an ihrer Schwester Gertrud. Ihr Mann starb 1238, drei Jahre später fiel ihr Sohn in blutigem Kampf. Sie zog sich in das von ihr gegründete Kloster der Zisterzienserinnen in Trebnitz zurück, lebte streng, legte jedoch nicht die Profess ab. Aus ihren eigenen Erfahrungen und den Kämpfen ihrer Zeit zog sie den Schluss, dass Gegensätze nur durch Gegensätze geheilt werden können: der Hass durch die Liebe, die Schuld durch die Sühne. Sie wurde zur asketischen Büßerin und scheute sich nicht, dabei bis an die Grenzen der Selbstzerstörung zu gehen. Sie starb, fast siebzigjährig, 1243; ihr Grab liegt in Trebnitz.

20. Oktober: Wendelin – Artgerechter Umgang mit Tieren

Wendelin war ein iro-schottischer Königssohn, der um 550 geboren wurde, sein königliches Erbe ausschlug und nach Rom pilgerte. Anschließend ließ er sich in der Nähe von Trier als Einsiedler nieder. Er verdingte sich als Hirte bei einem Adligen, um seinen Lebensunterhalt zu verdienen. Da er mit den Kuh- und Schafherden die besten Weiden aufsuchte, die weit abseits lagen, beschimpfte ihn der Adelige, der Wendelin eines Tages dort zufällig traf, weil er meinte, Wendelin käme nicht rechtzeitig mit dem Vieh nach Hause. Als der Adelige jedoch zu Hause ankam, war Wendelin längst zurück. Der Adelige erkannte, dass Wendelin ein Mann Gottes war, bat ihn um Entschuldigung und ließ ihm wunschgemäß eine Einsiedlerhütte in der Nähe des Gutes errichten, das nicht weit von Tholey lag. Hier wurde Wendelin zum Ratgeber der Bauern. Die Mönche von Tholey wählten ihn zum Abt ihres Klosters, das er bis zu seinem Tod im Jahre 617 leitete.

November

1. Allerheiligen, Luitpold, Arthur
2. Allerseelen
3. Hubert, Pirmin, Martin v. Porres, Ida v. Toggenburg, Silvia, Rupert Mayer
4. Karl Borromäus
5. Emmerich, Berthild
6. Leonhard v. Limoges, Modesta, Rudolf v. Büren, Christine v. Stommeln
7. Willibrord, Engelbert v. Köln, Karina, Ernst v. Zwiefalten
8. Willehad v. Bremen, Gregor v. Einsiedeln, Gottfried v. Amiens, Johannes Duns Scotus
9. Weihetag der Lateranbasilika in Rom, Theodor v. Euchaita, Herfrid, Roland v. Hasnon
10. Leo d. Gr., Justus
11. Martin v. Tours, Agnes v. Bayern
12. Josaphat v. Polozk, Kunibert
13. Stanislaus Kostka, Wilhelm v. Rinchnach
14. Alberich
15. Albert d. Gr., Leopold v. Österreich
16. Margareta v. Schottland, Otmar v. St. Gallen, Edmund v. Abingdon
17. Gertrud v. Helfta, Florin, Viktoria v. Cordoba, Hilda v. Whitby, Hiltrud v. Rupertsberg
18. Weihetag der Basiliken St. Peter u. St. Paul in Rom, Odo v. Cluny
19. Elisabeth v. Thüringen, Mechthild v. Hackeborn
20. Korbinian, Bernward, Edmund v. Ostanglius
21. Gedenktag Unserer Lieben Frau in Jerusalem, Amalberg (Amalie)
22. Cäcilia (Silke), Philemon
23. Kolumban, Klemens I., Felicitas v. Rom, Detlev
24. Andreas Dung-Lac u. Gefährten, Albert v. Lüttich, Flora
25. Katharina v. Alexandrien, Egbert v. Münsterschwarzach
26. Konrad u. Gebhard v. Konstanz, Ida v. Köln
27. Modestus, Oda (Uta) v. Brabant
28. Berta v. Bingen, Gunther v. Melk
29. Friedrich v. Regensburg, Jolanda, Jutta v. Heiligental
30. Andreas, Apostel

Besondere Heilige im November

3. November: Hubertus – Vom Lebemann zum Missionar

Hubertus ist heute fast nur noch als Namensgeber der „Hubertusjagden“ bekannt, die Anfang November veranstaltet werden. Denn der Legende nach sei ihm, dem passionierten Jäger, ein Hirsch mit einem Kreuz zwischen dem Geweih erschienen, als er an einem Karfreitag in den Ardennen seiner Leidenschaft frönte. Diese Begegnung habe ihn dazu bewegt, sein Leben zu ändern und Priester zu werden. Nach seiner Weihe wurde er Glaubensbote in Brabant wie auch in den Ardennen. Wer die historischen Fakten weiß, erkennt in dieser Legende die wesentlichen Züge aus dem Leben des heiligen Hubertus wieder. Er wurde um 655 in Aquitanien/Frankreich als Sohn einer vornehmen fränkischen Familie geboren. Er heiratete früh und war ein Lebemann. Am Hofe Pippins lernte er Bischof Lambert kennen, der den Lebemann in christlichem Sinne beeinflusste. Nach dem Tod seines Vaters und dessen Frau Floribana – der Ehe entsprang der Sohn Floribert, der später Bischof von Lüttich wurde – zog er sich 695 für sieben Jahre in die Wälder der Ardennen zurück und meditierte die Heilige Schrift. 702–703 unternahm er eine Pilgerfahrt nach Rom. Er wurde zum Bischof von Maastricht ernannt; das Datum ist nicht bekannt, liegt aber vor 708. 717/718 verlegte Hubertus den Bischofssitz nach Lüttich. Sein Ziel galt der Durchsetzung des Christentums in den Ardennen, in die er zahlreiche Missionsreisen unternahm und Kirchen baute. Auch die Kathedrale in Lüttich geht auf seine Initiative zurück. Hubertus starb am 30. Mai 727 in Tervueren bei Brüssel. Am 3. November 743 wurden seine sterblichen Überreste in der Kathedrale von Lüttich feierlich beigesetzt.

17. November: Gertrud von Helfta –
Dem Herzen Jesu verpflichtet

Gertrud wurde am 6. Januar 1256 in Thüringen geboren und als fünfjähriges Kind ins Kloster Helfta bei Eisleben gegeben. Hier wurde sie von Äbtissin Gertrud von Hackeborn erzogen und erhielt eine humanistische und theologische Ausbildung. Sie blieb im Kloster und hatte am 27. Januar 1281 ihre erste Vision. Ab 1289 begann sie, ihre mystischen Erfahrungen aufzuschreiben, die sie meistens nach der Eucharistiefeier empfing. Für die Herz-Jesu-Verehrung hat sie den Grundstein gelegt. Zusammen mit Gertrud von Hackeborn, Mechthild von Hackeborn und Mechthild von Magdeburg gehört sie zu den vier großen Mystikerinnen, die das Kloster Helfta hervorgebracht hat. Sie starb Ende 1302. Kloster Helfta wurde in der Reformationszeit zerstört; nach der Wende 1989 wurde es wieder von Zisterzienserinnen besiedelt und hat sich zu einem geistig-spirituellen Zentrum entwickelt.

22. November: Cäcilia – Gott in der Musik preisen

Cäcilia stammt aus dem altrömischen Geschlecht der Caecilier. Zusammen mit ihrem Verlobten Valerianus und dessen Bruder Tiburtius soll sie von Papst Urban II. (222–230) getauft worden sein. Aufgrund eines Missverständnisses ist sie die Patronin der Musik geworden. Bei ihrer Hochzeit mit Valerianus soll sie, „während die Musikinstrumente erklangen“, Gott gebeten haben, ihr Gelübde, als Jungfrau zu leben (das ihr Bräutigam nicht kannte), auch in der Ehe erfüllen zu können. In der Hochzeitsnacht offenbarte sie sich Valerianus als Christin und gewann ihn und ihren Bruder für den Glauben. Als diese sich öffentlich zum Christentum bekannten, wurden sie verhaftet und hingerichtet. Als die Güter eingezogen werden sollten, ließ Cäcilia alles Hab und Gut unter die Mittellosen verteilen. Sie erlitt ebenfalls den Martertod und wurde in den Katakomben beigesetzt.

Dezember

1. Natalie, Blanka (Bianca)
2. Luzius, Bibiana
3. Franz Xaver, Gerlinde, Emma v. Lesum
4. Barbara, Johannes v. Damaskus, Adolph Kolping, Christian v. Oliva
5. Anno v. Köln, Attala v. Straßburg, Hartwich (Hartwig, Hedwig), Reginhard, Niels Stensen
6. Nikolaus v. Myra
7. Ambrosius v. Mailand, Gerald, Gerhard
8. Hochfest der ohne Erbsünde empfangenen Jungfrau und Gottesmutter Maria, Alfrida (Frieda)
9. Eucharius, Liborius Wagner, Eulalia
10. Bruno, Diethard
11. Damasus I., Tassilo, David v. Himmerod
12. Johanna Franziska v. Chantal, Hartmann, Dietrich v. Kremsmünster
13. Odilia v. Elsass, Luzia, Jodok
14. Johannes vom Kreuz, Franziska Schervier, Bertold v. Regensburg
15. Christiane v. Georgien
16. Adelheid, Dietrich v. Rommersdorf
17. Lazarus, Jolanda v. Vianden, Sturmius
18. Wunibald
19. Urban V.
20. Eido (Eico)
21. Richard v. Adwerth
22. Jutta v. Spanheim, Marian
23. Johannes v. Krakau, Dagobert, Viktoria v. Rom, Ivo v. Chartres
24. Heiligabend, Adam u. Eva, Hanno v. Worms
25. Hochfest der Geburt des Herrn, Eugenia, Anastasia v. Sirmium
26. Stephanus, erster Märtyrer; Richlind
27. Johannes, Apostel u. Evangelist; Fabiola
28. Unschuldige Kinder
29. Thomas Becket, Thamar (Tamara), David, Lothar
30. Felix I., Richard v. Arnsberg
31. Silvester I., Kolumba, Melanie

Besondere Heilige im Dezember

4. Dezember: Barbara – die ungeliebte Tochter

Barbara – ihr Name bedeutet Fremde, Ausländerin – war die Tochter eines Christenhassers namens Dioskuros von Nikomedien und lebte vermutlich im 3. oder 4. Jahrhundert. Da Barbara von ausgezeichneter Schönheit war, befürchtete der Vater, dass ihr diese zu verderblichem Fall werden könnte, weshalb er sie in einem eigens zu diesem Zweck gebauten und mit allen Bequemlichkeiten ausgerüsteten Turm einsperren ließ. In ihrem Streben nach Weisheit und der Besinnung auf sich und das Leben kamen ihr Zweifel an der heidnischen Götter- und Götzenwelt und sie wandte sich mit ganzer Inbrunst der christlichen Lehre zu. Nachdem der Vater sah, dass der Turm statt der von ihm angeordneten zwei Fenster noch ein drittes hatte, das Barbara brechen ließ, fragte er sie, was das zu bedeuten habe. Ihre Antwort, das sei ein Zeichen für die Dreifaltigkeit Gottes, erzürnte ihn so sehr, dass er seine Tochter erschlagen wollte. Doch der Boden öffnete sich und Barbara konnte sich in dem Felsspalt retten. Dioskuros ließ Barbara dann vor den Statthalter des Kaisers bringen, der sie foltern ließ. Sie überlebte die Qualen und wurde von ihrem Vater enthauptet. Barbara gehört zu den 14 Nothelfern. Als Schutzpatronin gegen einen plötzlichen Tod wurde sie besonders von den Bergleuten und Kriegern verehrt. Der Blitz in der Legende ließ die heilige Barbara zur Patronin gegen Ungewitter und gegen die Gewalt des Feuers werden, weshalb sie vor allem von Artilleristen, Feuerwehrleuten und Feuerwerkern verehrt wird. Am Barbaratag werden Kirschzweige ins Wasser gestellt, die an Weihnachten blühen.

13. Dezember: Ottilie – Glaube macht sehend

Ottilie oder Odilia wurde um 660 im Elsass geboren – blind. Ihr Vater Attich wollte seiner Familie diese „Schande" ersparen und sie töten lassen. Ihrer Mutter Bethsvinda gelang es, Ottilie einer Amme zu geben, die das Kind ins Kloster Baumes-les-Dames brachte. Hier wuchs sie auf und wurde getauft. Im Augenblick der Taufe erlangte sie das Augenlicht. Sie versöhnte sich wieder mit ihrem Vater und gründete auf dem heutigen Odilienberg das Kloster Hohenburg, später auch am Fuße des Berges das Kloster Niedermünster. Sie starb um 720 und ist die Patronin des Elsass und der Blinden.

26. Dezember: Stephanus, erster Märtyrer – Das Leben für den Glauben geben

Stephanus ist einer der sieben Diakone, die durch Handauflegung von den Aposteln geweiht wurden. „Stephanus aber, voll Gnade und Kraft, tat große Wunder und Zeichen unter dem Volke", heißt es in Kapitel 6,8 der Apostelgeschichte. Damit machte er sich bei den etablierten Religionsverwaltern unbeliebt. Im Disput zeigte sich Stephanus überlegen. Jetzt griffen seine Gegner zum Mittel der Verleumdung: „Da stifteten sie Männer an, die aussagten: Wir haben ihn Lästerworte gegen Mose und gegen Gott sagen hören. So wiegelten sie das Volk, die Ältesten und die Schriftgelehrten auf. Dann fielen sie über ihn her und schleppten ihn vor den Hohen Rat." Auch hier wieder dasselbe Spiel: Einsatz von falschen Zeugen. Stephanus hält eine große Rede vor dem Hohenpriester, in der er seinen Glauben darlegt und bekennt. „Als sie das vernahmen, packte sie die Wut, und sie knirschten mit den Zähnen wider ihn. Als Stephanus ihnen dann seine Vision offenbart, den Menschensohn zur Rechten Gottes zu sehen, bedeutete das seinen Tod. Die Menge ergriff ihn, schleppte ihn vor die Stadt und steinigte ihn" (nach Apg 7,54ff.). Stephanus ist der erste Märtyrer des Christentums.

Heilige und Gedenktage – alphabetisch

12.5.	Achilleus
20.6.	Adalbert v. Magdeburg
23.4.	Adalbert v. Prag
25.12.	Adam
30.1.	Adelgundis
16.12.	Adelheid
5.2.	Adelheid (Elke) v. Vilich
28.8.	Adelind
25.2.	Adeltrud
4.12.	Adolph Kolping
13.2.	Adolf v. Tecklenburg
17.9.	Adriadne (Ariane)
7.8.	Afra
5.2.	Agatha
1.9.	Ägidius (Egid)
11.11.	Agnes v. Bayern
2.3.	Agnes v. Böhmen
21.1.	Agnes v. Rom
21.6.	Alban v. Mainz
14.11.	Alberich
15.11.	Albert d. Gr.
24.11.	Albert v. Lüttich
1.3.	Albin v. Angers
22.6.	Albin v. Rom
10.7.	Alexander
3.5.	Alexander I. (Papst)
17.7.	Alexius v. Edessa
1.8.	Alfons Maria v. Liguori
28.10.	Alfred
2.2.	Alfred Delp
8.12.	Alfrida (Frieda)
19.5.	Alkuin
1.11.	Allerheiligen
2.11.	Allerseelen
12.3.	Almud
21.6.	Aloisius Gonzaga
15.8.	Altfried v. Hildesheim
9.2.	Alto
26.5.	Alwin
30.8.	Amadeus
30.3.	Amadeus v. Savoyen
21.11.	Amalberg (Amalie)
26.10.	Amandus
13.9.	Amatus
7.12.	Ambrosius v. Mailand
5.1.	Ämiliana (Emilie)
22.5.	Ämilius (Emil)
25.12.	Anastasia v. Sirmium
30.11.	Andreas (Apostel)
24.11.	Andreas Dung-Lac
20.9.	Andreas Kim Taegon
27.1.	Angela Merici
5.5.	Angelus
26.7.	Anna
5.12.	Anno v. Köln
21.4.	Anselm v. Canterbury
3.2.	Ansgar
15.7.	Answer
13.3.	Answin (Oswin)
26.6.	Anthelm
6.5.	Antonia
17.1.	Antonius v. Ägypten
24.10.	Antonius Maria Claret
5.7.	Antonius Maria Zaccaria
13.6.	Antonius v. Padua
23.7.	Apollinaris v. Ravenna
18.4.	Apollonius
21.7.	Arbogast
2.6.	Armin
24.1.	Arno v. Salzburg
13.7.	Arno v. Würzburg
18.7.	Arnold
15.1.	Arnold Janssen
1.5.	Arnold v. Hiltensweiler
18.7.	Arnulf
19.7.	Arsenius v. Ägypten
1.11.	Arthur
10.8.	Asteria (Asta, Astrid)
2.5.	Athanasius d. Gr.
5.12.	Attala v. Straßburg

5.10. Attila
27.5. Augustinus v. Canterbury
28.8. Augustinus v. Hippo
9.7. Augustinus Zhao Rong
13.10. Aurelia
15.10. Aurelia v. Regensburg

21.8. **B**alduin
6.1. Balthasar
4.12. Barbara
10.6. Bardo
11.6. Barnabas (Apostel)
24.8. Bartholomäus (Apostel)
2.1. Basilius d. Gr.
17.6. Batho v. Andechs
8.4. Beate v. Ribnitz
29.8. Beatrix v. Aa
17.1. Beatrix v. Cappenberg
12.3. Beatrix v. Engelport
30.7. Beatrix v. Rom
9.5. Beatus
28.7. Beatus v. Trier
25.5. Beda d. Ehrwürdige
25.1. Bekehrung des Apostels Paulus
21.3. Benedikt
16.4. Benedikt Josef Labre
11.2. Benedikt v. Aniane
11.7. Benedikt v. Nursia
20.6. Benigna
17.2. Benignus
31.3. Benjamin
3.8. Benno v. Einsiedeln
16.6. Benno v. Meißen
16.4. Bernadette Soubirous
15.6. Bernhard v. Aosta
15.7. Bernhard v. Baden
20.8. Bernhard v. Clairvaux
20.7. Bernhard v. Hildesheim
20.5. Bernhardin v. Siena
20.11. Bernward
28.11. Berta v. Bingen
4.7. Berta v. Blangy
5.11. Berthild
27.7. Bertold v. Garsten
14.12. Bertold v. Regensburg
6.6. Bertram (Bertrona)
2.12. Bibiana
23.7. Birgitta v. Schweden
18.5. Blandine Merten
1.12. Blanka (Bianca)
3.2. Blasius
2.2. Bodo
15.7. Bonaventura
5.6. Bonifatius (Winfrid)
7.5. Boris v. Bulgarien
16.5. Brendan
1.2. Brigida (Brigitta)
10.12. Bruno
6.10. Bruno d. Kartäuser
11.10. Bruno v. Köln
9.3. Bruno v. Querfurt
27.5. Bruno v. Würzburg
18.5. Burkhard
14.10. Burkhard v. Würzburg

22.11. **C**äcilia (Silke)
16.7. Carmen
4.6. Christa
14.5. Christian v. Galatien
4.2. Christian v. Himmerod
21.3. Christian v. Köln
4.12. Christian v. Oliva
15.12. Christiane v. Georgien
24.7. Christina v. Bolsena
6.11. Christine v. Stommeln
24.7. Christophorus
21.5. Christophorus Magallanes
20.3. Claudia
18.8. Claudia
6.6. Claudius
10.5. Comgall

25.8. Elvira
16.7. Elvira v. Öhren
1.10. Emanuel
30.10. Emicho v. Mallersdorf
22.5. Emil
5.1. Emilie
3.12. Emma v. Lesum
22.9. Emmeram
5.11. Emmerich
10.4. Engelbert v. Admont
7.11. Engelbert v. Köln
8.6. Engelbert v. Schäftlarn
29.8. Enthauptung Johannes' des Täufers
9.6. Ephräm d. Syrer
2.6. Erasmus
28.5. Erbin (Erwin)
21.5. Erenfrid
30.6. Erentrud
8.1. Erhard
18.5. Erich
10.7. Erich v. Schweden
29.10. Ermelind
13.2. Ermenhild (Irmhild)
25.4. Ermin (Erwin)
7.10. Ernst v. Neresheim
30.6. Ernst v. Prag
7.11. Ernst v. Zwiefalten
14.4. Ernestine (Erna) v. Bayern
6.1. Erscheinung des Herrn
24.5. Esther
9.12. Eucharius
27.2. Euderius v. Maastricht
2.6. Eugen
25.12. Eugenia
26.9. Eugenia v. Odilienberg
9.12. Eulalia
31.1. Eusebius d. Einsiedler
2.8. Eusebius v. Vercelli
20.9. Eustachius v. Rom
25.12. Eva
3.10. Ewald

20.1. **F**abian (Märtyrer/Papst)
27.12. Fabiola
23.11. Felicitas v. Rom
30.12. Felix I. (Papst)
18.5. Felix v. Cantalice
12.7. Felix v. Lodi
26.3. Felix v. Trier
11.9. Felix v. Zürich
7.3. Felizitas
30.5. Ferdinand
24.4. Fidelis v. Sigmaringen
12.3. Fina
29.7. Flora
24.11. Flora
4.5. Florian
17.11. Florin
17.2. Franz Regis
4.10. Franz v. Assisi
2.4. Franz v. Paola
24.1. Franz v. Sales
3.12. Franz Xaver
14.12. Franziska Schervier
9.3. Franziska v. Rom
6.3. Fridolin v. Säckingen
19.4. Friedrich v. Altzelle
3.3. Friedrich v. Hallum
8.5. Friedrich v. Hirsau
29.11. Friedrich v. Regensburg
18.7. Friedrich v. Utrecht
27.3. Frowin
5.6. Fulger

29.9. **G**abriel (Erzengel)
16.10. Gallus
17.1. Gamelbert
3.4. Gandolf v. Binasco
11.5. Gangolf
26.11. Gebhard v. Konstanz
15.6. Gebhard v. Salzburg
24.6. Geburt Johannes' des

23.1. Heinrich Seuse
10.6. Heinrich v. Bozen
15.5. Heinrich v. Ebrantshausen
19.1. Heinrich v. Staufen
18.8. Helena
2.2. Helena Maria Stollenwerk
26.4. Helene
7.5. Helga
29.3. Helmstan (Helmut)
31.5. Helmtrud (Hiltrud)
12.2. Helmward (Helmut)
31.1. Hemma
27.6. Hemma v. Gurk
19.4. Hemma v. Paderborn
9.11. Herfrid
16.3. Heribert
25.5. Heribert v. Knechtsteden
30.8. Heribert v. Köln
25.4. Hermann v. Baden
6.8. Hermann v. Cappenberg
24.9. Hermann v. Reichenau
21.5. Hermann Josef
3.1. Hermine
12.4. Herta v. Rom
19.4. Herula v. Bernried
30.9. Hieronymus
8.2. Hieronymus Ämiliani
5.5. Hilarius v. Ars
13.1. Hilarius v. Poitiers
17.11. Hilda v. Whitby
12.1. Hilde v. Salzburg
17.9. Hildegard v. Bingen
6.2. Hildegund v. Meer
14.10. Hildegund v. Münchaurach
20.4. Hildegund v. Schönau
8.8. Hildiger (Hilger)
27.9. Hiltrud v. Lissies
17.11. Hiltrud v. Rupertsberg
13.8. Hippolyt
3.11. Hubert
28.4. Hugo v. Cluny
1.4. Hugo v. Grenoble
20.8. Hugo v. Tennenbach
30.4. Hulda (Hilda)
4.3. Humbert
15.4. Hunna

13.4. Ida v. Boulogne
4.9. Ida v. Herzfeld
24.2. Ida v. Hohenfels
26.11. Ida v. Köln
3.11. Ida v. Toggenburg
17.10. Ignatius v. Antiochien
31.7. Ignatius v. Loyola
19.9. Igor
28.3. Ingbert
22.10. Ingbert
30.7. Ingeborg
2.9. Ingrid
28.7. Innozenz
12.3. Innozenz I. (Papst)
28.6. Irenäus v. Lyon
1.4. Irene
4.9. Iris
24.2. Irmengard v. Baden
16.7. Irmengard v. Chiemsee
19.2. Irmgard v. Aspel
3.10. Irmgard v. Baindt
4.9. Irmgard v. Süchteln
20.3. Irmgard (Kaiserin)
3.1. Irmina (Hermine)
21.10. Irmtrud
29.4. Irmtrud v. Hasnon
29.5. Irmtrud v. Millendonk
19.10. Isaak Jogues
22.2. Isabella v. Frankreich
15.5. Isidor
4.4. Isidor v. Sevilla
24.8. Isolde
13.1. Ivette (Jutta)
19.5. Ivo
23.12. Ivo v. Chartres

8.7. Kilian v. Würzburg
11.8. Klara v. Assisi
23.11. Klemens I. (Papst)
15.3. Klemens Maria Hofbauer
4.6. Klothilde
10.7. Knud v. Dänemark
13.10. Koloman
31.12. Kolumba
23.11. Kolumban
9.4. Konrad I. v. Salzburg
26.11. Konrad v. Konstanz
21.4. Konrad v. Parzham
29.9. Konrad v. Zähringen
18.2. Konstantia
19.2. Kontius v. Trier
8.9. Korbinian
20.11. Korbinian
22.10. Kordula
31.3. Kornelia
16.9. Kornelius
20.2. Korona
26.9. Kosmas
5.4. Kreszentia Höß
14.9. Kreuzerhöhung
12.11. Kunibert
3.3. Kunigunde (Kaiserin)
19.5. Kuno
19.4. Kuno v. Einsiedeln
5.7. Kyrilla

29.7. **L**adislaus
22.4. Laius (Kajus, Kai)
18.9. Lambert v. Maastricht
9.2. Lambert v. Neuwerk
18.9. Lantpert
19.10. Laura
21.7. Laurentius v. Brindisi
10.8. Laurentius v. Rom (Lorenz)
17.12. Lazarus
22.3. Lea
13.3. Leander
10.11. Leo d. Gr. (Papst)
12.6. Leo III. (Papst)
19.4. Leo IX. (Papst)
3.10. Leodegar
21.2. Leodegar v. Ledesgemünd
6.11. Leonhard v. Limoges
15.11. Leopold v. Österreich
9.6. Liborius v. Le Mans
9.12. Liborius Wagner
14.4. Lidwina (Lydia)
28.9. Lioba
3.4. Liudbirg
26.3. Liudger
28.9. Lorenzo Ruiz
29.12. Lothar
15.6. Lothar v. Sées
15.3. Louise de Marillac
29.7. Lucilla
15.9. Ludmilla
29.3. Ludolf v. Ratzeburg
13.8. Ludolf v. Evreux
25.8. Ludwig IX. (König)
28.4. Ludwig Maria Grignion de Montfort
25.10. Ludwig v. Arnstein
24.7. Luise v. Savoyen
16.6. Luitgard v. Tongern
16.10. Luitgard v. Wittichen
1.11. Luitpold
18.10. Lukas (Evangelist)
13.12. Luzia
2.12. Luzius
3.8. Lydia

6.9. **M**agnus
28.1. Manfred
1.10. Manuel
11.9. Marbel v. Rennes
18.6. Marcellianus
16.1. Marcellus I.
20.7. Margareta (Margot) v. Antiochien

16.10. Margareta Maria Alacoque
27.8. Margareta v. Bayern
29.10. Margareta v. Sponheim
16.11. Margareta v. Schottland
6.7. Maria Goretti
2.2. Maria Katharina Kasper
22.7. Maria Magdalena
25.5. Maria Magdalena v. Pazzi
5.9. Maria Theresia Gerhardinger
5.9. Maria Theresia Wüllenweber

Marienfeste
1.1. Hochfest der Gottesmutter Maria
11.2. Gedenktag Unserer Lieben Frau in Lourdes
13.5. Gedenktag Unserer Lieben Frau in Fatima
24.5. Maria, Hilfe der Christen
2.7. Mariä Heimsuchung
16.7. Gedenktag Unserer Lieben Frau auf dem Berge Karmel
15.8. Mariä Aufnahme in den Himmel
22.8. Maria Königin
8.9. Mariä Geburt
12.9. Mariä Namen (Mirjam, Marion)
15.9. Gedächtnis der Schmerzen Mariens
7.10. Gedenktag Unserer Lieben Frau vom Rosenkranz
21.11. Gedenktag Unserer Lieben Frau in Jerusalem
8.12. Hochfest der ohne Erbsünde empfangenen Jungfrau und Gottesmutter Maria

22.12. Marian
17.7. Marina
19.1. Marius
4.1. Marius (Maro)
18.6. Markus
25.4. Markus (Evangelist)
27.2. Markward v. Prüm
29.7. Marta v. Betanien
27.2. Martin Butzer
13.4. Martin I. (Papst)
3.11. Martin v. Porres
11.11. Martin v. Tours
30.1. Martina
30.1. Mary Ward
2.6. Marzellinus (Marcel)
14.9. Maternus v. Köln
14.3. Mathilde
21.9. Matthäus (Apostel u. Evangelist)
24.2. Matthias (Apostel)
22.9. Mauritius (Moritz)
15.1. Maurus
14.8. Maximilian Kolbe
12.10. Maximilian v. Pongau
29.5. Maximin
31.5. Mechthild v. Dießen
19.11. Mechthild v. Hackeborn
6.3. Mechthild v. Hochsal
18.8. Mechthild v. Magdeburg
26.2. Mechthild v. Sponheim
8.6. Medardus v. Noyon
14.8. Meinhard
26.9. Meinhard
5.10. Meinolf
21.1. Meinrad von der Reichenau
31.12. Melanie
6.1. Melchior
14.2. Methodius
29.9. Michael (Erzengel)
13.7. Mildred
6.11. Modesta

27.11. Modestus
27.8. Monika

3.1. **N**amen Jesus
1.12. Natalie
27.7. Natalie v. Cordoba
12.5. Nereus
15.4. Nidgar
5.12. Niels Stensen
25.9. Niklaus v. Flüe
6.12. Nikolaus v. Myra
10.9. Nikolaus v. Tolentius
6.6. Norbert v. Xanten
26.1. Notburga v. Bühl
14.9. Notburga v. Eben
13.9. Notburga v. Hochhausen
7.5. Notker (Gernot)
6.4. Notker der Stammler

23.10. **O**da (Uta) v. Amay
27.11. Oda (Uta) v. Brabant
20.4. Odette
18.7. Odilia
13.12. Odilia v. Elsass
18.1. Odilo v. Bayern
3.1. Odilo v. Cluny
19.6. Odo v. Cambrai
18.11. Odo v. Cluny
10.7. Olaf v. Norwegen
11.7. Olga
5.3. Oliva (Olivia)
11.7. Oliver
23.6. Ortrud
5.8. Oswald
29.2. Oswald v. York
13.3. Oswin
16.11. Otmar v. St. Gallen
9.9. Ottmar
30.6. Otto v. Bamberg
23.2. Otto v. Cappenberg
7.9. Otto v. Freising
26.2. Ottokar

14.5. **P**achomius
12.5. Pankratius
27.7. Pantaleon
17.3. Patrick
20.9. Paul Chong Hasang
6.2. Paul Miki
19.10. Paul v. Kreuz
26.1. Paula
13.3. Paulina
30.4. Pauline v. Mallinckrodt
11.1. Paulinus v. Aquileja
22.6. Paulinus v. Nola
31.8. Paulinus v. Trier
29.6. Paulus (Apostel)
10.1. Paulus v. Theben
7.3. Perpetua
29.6. Petrus (Apostel)
30.7. Petrus Chrysologus
9.9. Petrus Claver
21.2. Petrus Damiani
1.8. Petrus Faber
27.4. Petrus Kanisius
2.6. Petrus (röm. Märtyrer)
2.8. Petrus Julianus Eymard
3.8. Petrus v. Anagni
26.5. Philipp Neri
3.5. Philippus (Apostel)
22.11. Philemon
11.8. Philomena
28.4. Pierre Chanel
23.9. Pio da Pietrelcina (Pater Pio)
3.11. Pirmin
30.4. Pius V. (Papst)
21.8. Pius X. (Papst)
23.2. Polykarp
13.8. Pontianus
18.1. Priska v. Rom

30.4. **Q**uirin v. Neuß
16.6. Quirin v. Tegernsee
11.10. Quirinus

4.2. **R**abanus Maurus
11.7. Rachel
12.8. Radegund
13.8. Radegundis
29.9. Rafael (Erzengel)
3.7. Raimundus Lullus
7.1. Raimund v. Peñafort
17.6. Rainer v. Pisa
23.3. Rebekka
18.1. Regina
22.8. Regina
7.9. Regina v. Burgund
13.10. Reginbald
5.12. Reginhard
11.9. Regula v. Zürich
11.6. Reinbert (Rumbert)
14.1. Reiner v. Arnsberg
11.4. Reiner v. Osnabrück
7.3. Reinhard v. Reinhausen
6.2. Reinhild v. Aldeneyck
30.5. Reinhild v. Westerkappeln
7.1. Reinold v. Köln
1.10. Remigius
22.5. Renate
6.10. Renatus (René)
7.2. Richard aus Wessex
21.12. Richard v. Adwerth
30.12. Richard v. Arnsberg
18.9. Richardis
23.8. Richildis
26.12. Richlind
22.5. Rita v. Cascia
17.9. Robert Bellarmin
7.6. Robert v. Newminster
16.8. Rochus
4.1. Roger (Rüdiger) v. Elan
1.3. Roger v. Bourges
15.9. Roland
9.11. Roland v. Hasnon
28.2. Roman
15.1. Romedius v. Thaur
19.6. Romuald
20.8. Ronald
23.8. Rosa v. Lima
4.9. Rosa v. Viterbo
30.4. Rosamunde
11.3. Rosina
5.9. Roswitha v. Gandersheim
17.4. Rudolf v. Bern
6.11. Rudolf v. Büren
4.1. Rüdiger
3.11. Rupert Mayer
24.9. Rupert v. Salzburg
15.5. Rupert v. Bingen
4.3. Rupert v. Deutz
15.8. Rupert v. Ottobeuren
1.9. Ruth
28.5. Ruthard

29.8. **S**abine v. Rom
22.10. Salome
28.7. Samson
20.8. Samuel
13.7. Sara
9.10. Sara
24.7. Scharbel Mahluf
10.2. Scholastika
2.10. Schutzengel
19.8. Sebald
20.1. Sebastian
7.10. Sergius
13.5. Servatius
23.10. Severin v. Köln
8.1. Severin v. Norikum
9.10. Sibylle
17.2. Sieben Gründer des Servitenordens
22.8. Siegfried v. Wearmouth
15.2. Sigfrid (Sigurd) v. Schweden
11.7. Sigisbert
2.5. Sigismund
24.7. Siglinde

7.1. Sigrid
5.5. Sigrid
28.2. Silvana
31.12. Silvester I.
3.11. Silvia
8.10. Simeon
1.6. Simeon v. Trier
18.2. Simon
28.10. Simon (Apostel)
15.5. Sophia (Sonja)
3.9. Sophia v. Minden
13.11. Stanislaus Kostka
11.4. Stanislaus v. Krakau
16.8. Stephan v. Ungarn
26.12. Stephanus (erster Märtyrer)
17.12. Sturmius
11.8. Susanna
4.9. Swidbert (Sven)

12.1. **T**anja
11.12. Tassilo
12.1. Tatiana (Tanja)
29.12. Thamar (Tamara)
25.7. Thea
23.9. Thekla
15.10. Thekla
16.1. Theobald
30.6. Theobald v. Provins
11.2. Theobert (Dietbert)
21.5. Theobald v. Vienne
22.1. Theodelinde (Dietlinde)
1.7. Theoderich
19.9. Theodor v. Canterbury
9.11. Theodor v. Euchaita
16.8. Theodor v. Martigny
29.8. Theodora
24.6. Theodulf
9.8. Theresia Benedicta vom Kreuz (Edith Stein)
15.10. Theresia v. Jesus (v. Avila)
1.10. Theresia vom Kinde Jesus (v. Lisieux)
8.2. Thiatgrim
3.7. Thomas (Apostel)
29.12. Thomas Becket
22.6. Thomas Morus
28.1. Thomas v. Aquin
25.7. Thomas v. Kempen
16.1. Tillo (Tillmann)
26.1. Timotheus
26.1. Titus
3.3. Tobias
13.9. Tobias
26.4. Trudpert
23.3. Turibio v. Mongrovejo (v. Lima)

3.10. **U**do
4.7. Ulrich v. Augsburg
14.7. Ulrich v. Zell
28.12. Unschuldige Kinder
25.5. Urban I. (Papst)
19.12. Urban V.
30.9. Urs
21.10. Ursula v. Köln
20.1. Ursula v. Villingen

7.1. **V**alentin v. Rätien
14.2. Valentin v. Terni
20.5. Valeria
29.1. Valerius v. Trier
2.4. Valéry
24.1. Vera
22.7. Verena (Elvira)
1.9. Verena v. Zurzach
6.8. Verklärung des Herrn
25.3. Verkündigung des Herrn
4.2. Veronika
30.9. Viktor v. Solothurn
10.10. Viktor v. Xanten
17.11. Viktoria v. Cordoba
23.12. Viktoria v. Rom